JN356607

가족과 함께하는 첫 번째

이순신 여행

수경출판사

가족과 함께하는 첫 번째

이순신 여행

초판 1쇄 인쇄 2018년 5월 25일
초판 1쇄 발행 2018년 5월 31일

지은이 장정호 passwing7777@naver.com
기획 · 진행 김태영
삽화 · 편집 김상화
감수 방대광 고려대학교 사범대학 부속고등학교 역사 교사

발행인 박영란
발행처 (주)수경출판사
주소 서울시 영등포구 양평로 21길 26(양평동 5가) 아이에스 BIZ타워 1차 807호
전화 02-333-6080
팩스 02-333-7197

ISBN 979-11-6240-052-4 03990

가족과 함께하는 첫 번째

이순신 여행

수경출판사

가족과 함께하는 첫 번째

이순신 여행

추천사

세계 해전사에 길이 빛나는 4명의 명장 중에 우리나라의 이순신 장군이 들어가 있음은 우리 민족에게 정말 자랑스러운 일이다. 이순신 장군은 한산도 해전을 비롯한 23회의 해전에서 전승을 거둔 세계 최고의 명장이었다. 그리하여 한산도 해전1592은 살라미스 해전B.C. 480, 칼레 해전1588, 트라팔가르 해전1805과 함께 세계 4대 해전으로 기록되고 있다.

이러한 이순신 장군을 발자취를 좇아 저자는 3여 년 동안 직접 발품을 팔며 전국을 누볐다. 저자의 화두는 이순신이 왜 영웅인지를 조금 색다른 관점에서 살펴보자!는 것이었다. 이처럼 원대한 포부를 설정한 저자는, 이순신 장군은 자신이 가진 잠재능력들을 어떻게 잘 조합하여 활용하였는가?에 천착하여 현장답사를 통해 그 해답을 얻고자 하였고, 그 결과를 이처럼 예쁜 한 권의 책으로 정리하였다.

학부에서 철학을 전공한 저자답게 책 곳곳에 이순신의 발자취에 대한 예리한 관찰과 해석이 돋보인다. 예컨대, "전선을 만들기 위해 자귀질을 시작하였는데, 목수가 214명이다. 물건 나르는 사람은 본영에서 72명, 방답에서 35명,

사도에서 25명, 녹도에서 15명, 발포에서 12명, 여도에서 15명, 순천에서 10명, 낙안에서 5명, 흥양과 보성에서 각 10명이었다."와 같은 난중일기의 내용에 대해 저자는 이순신 장군을 회계사에 비유하면서, 장군의 숫자에 대한 집착의 이유를 나름대로 해석하고 있는 것이 흥미롭다.

또한 저자는 영웅이 떠난 자리마다 꽃이 피었음을 확인하기 위해 저자의 독특한 시각에 따라 장군의 발자취를 1)영웅의 탄생서울, 2)영웅의 성장충청도, 3)영웅의 고뇌전라도, 4)영웅의 부활경상도로 구분하여 그 궤적을 몸소 추적하였다. 저자의 이러한 추적의 행로들을 엄선하여 이순신 트래킹 코스를 개발하여 개방하면 좋은 사회학습의 장이 될 것 같다는 생각도 든다.

작금의 우리 사회는 정치적 • 경제적으로 너무도 어수선하다. 자살률은 매년 세계 최고를 기록하고 있고, 청년 실업률도 계속 최고치를 갱신하고 있다. 이러한 암울한 시대를 살아가는 우리들에게 이순신 장군은 큰 위안과 용기를 준다. 장군은 절망적 상황에서도 "신에게는 아직 열두 척의 배가 있사옵니다!"라고 외치고 133척의 왜적을 막아내었다. 이러한 장군의 기개를 우리는 본받고 또 본받아야 할 것이다.

누군가의 말처럼 훌륭한 항해사는 역풍을 순풍으로 만들 줄 안다. 바로 이순신 장군이 그러했다. 어린이부터 어른까지, 우리 모두 이러한 정신을 이 책에서 발견하고 실천할 수 있기를 바란다.

고려대학교 교수, 한국교육학회장 강선보

이 책은 저자가 이순신에 대한 특별한 관점으로 흥미롭게 풀어 쓴 책이다. 이 책을 읽고 있노라면 우리가 아끼고 사랑하는 사람들과 함께 이충무공의 발자취를 따라 여행하고픈 마음이 간절해진다. 만일 지금 당신의 인생에 남을 특별한 여행을 꿈꾸고 있다면, 이 책 『이순신 여행』을 적극 추천한다.

(주)준오뷰티 대표이사 강윤선

"이순신을 바라보다."

이순신을 모르는 사람이 과연 있을까?

그러나 우리는 얼마나, 어떻게 알고 있을까?

어떤 인물과 현상에 대한 새로운 시선은 우리 생각의 지평을 넓혀준다.

이 책은 우리 모두가 친숙한 인물 분석을 통해 내가 알지 못한 다른 시선으로 살펴봄으로써, 너무나 잘 알지만 숨겨진 새로운 사실을 발견하면서 느끼는 감정이 얼마나 우리를 즐겁게 해 주는지를 깨닫게 해 준다.

이투스교육 대표이사 김형중

어제의 역사는 지금 우리에게 오늘과 내일을 얘기할 때 비로소 산 역사가 된다.

『이순신 여행』은 오늘과 내일을 위한 과거로의 여행이다. 그래서 더욱 값진 책이다. 우리 국민 중에 이순신 장군을 모르는 이는 없을 것이다.

하지만 세세히 아는 이는 드물다.

이 책은 '성웅聖雄', '불멸의 영웅', '민족의 태양'으로 불리우는 이순신 장군을 가장 쉽고 간결하게 설명하고 있다.

까닭에 어린 학생, 군인이 되고자 하는 이, 일반 국민에 이르기까지 읽기에 전혀 불편함이 없다.

필자가 군사전문가도 아닌데 이순신 장군을 흠모하고 이런 책을 낸다는 것 자체가 경이롭고 존경스럽다. 그 바탕에는 진실로 나라를 사랑하는 열정이 깔려 있고, 백척간두의 조선을 구한 이순신 장군을 마음으로부터 존경하고 있기 때문일 것이다.

이 책은 한 번 손에 쥐면 얼마 안 되는 시간에 단숨에 다 읽어내릴 수 있게 되어 있다. 분석과 통찰로 얻어낸 숫자와 내용이 치밀하면서도, 쉽고 편한 문장으로 서술되어 있기 때문이다. 그래서인지 이순신 장군의 꼼꼼한 성격과 기록 방식을 닮으려 한 노력마저 느껴진다. 필자가 그만큼 이순신을 많이 공부하고 연구했다는 증거다. 또한 교육자로서의 식견과 경험이 풍부하기 때문일 것이다.

나는 이 책을 읽으며 군인으로서 이순신 장군을 또 다시 보게 되었다. 불안한 정치와 열악한 군사 환경에 좌절하지 않고 싸울 준비를 철저히 했던 참 군인. 싸움에 임해서는 스스로를 앞세워 나아가는 모범을 보인 장수의 모습. 본능적으로 솟구치는 인간적인 면모를 억누른 채, 오직 군인으로서의 충절과 태도를 최우선으로 삼았던 극한의 장군상.

이런 모습들을 알면 알수록 성웅 이순신 장군을 숨죽여 다시 우러러볼 수밖에 없게 된다. 그러면서 우리나라에 이런 군인이 있었다는 사실에 군인의 삶을 산 한 사람으로서 무한한 자부심을 느낀다.

책을 덮기 직전, 마지막 페이지에 적힌 대목이 유난히 눈에 띈다.

"조선군이 빼앗은 왜선과 군량을 명나라 군사에게 빼앗겼다." 이순신 장군이 노량해전에서 전사하기 직전에 적은 난중일기 마지막에 있는 내용이다.

조선의 요청으로 10만의 병력을 출동시킨 명나라는 일본군과 싸우기보다는 조선에 군림하며 언제든 철수할 생각에 빠져 있었다. 류성룡의 『징비록』을 보면 명나라 장수 이여송은 철수하는 일본군을 추격하여 섬멸하기는커녕 철수를 방조하는 태도를 보인다. 이익에 따라 서로 타협하고 협상하는 주변 강대국의 불편한 진실을 보게 된다. 이런 역사는 그 이후에도 계속됐고 앞으로도 계속될 것이다. 우리 스스로를 지킬 수 있는 국방력을 키워야 할 이유가 여기에 있다.

대한민국이 예능 프로그램, 게임, 여행과 먹방에 빠져 있다. 맛있는 것 먹고, 게임을 즐기며, 좋은 곳에 다니며 편안한 생활을 즐기는 행복한 대한민국. 그런데 혹시 이순신 장군을 잊고 사는 건 아닐까?

"당신은 전쟁에 관심이 없을지 모르지만 전쟁은 당신에게 관심이 있다." 라는 말이 있다. 그 뜻을 『이순신 여행』을 통해 찾아보길 권한다. 더불어 이 책을 통해 잊고 사는 어제를 다시 끄집어 내어 오늘과 내일의 국방을 더욱 튼튼히 하는 대한민국이 되기를 소망해 본다.

예비역 준장 이붕우

장정호 대표가 보내온 『이순신 여행』 원고를 보고 두 가지 점에서 놀랐습니다. 우선 사업가로서의 바쁜 일정 속에서 이순신 장군님에 대한 책을 썼다는 것이 놀라웠습니다. 그리고 민간 연구가의 글인데도 내용이 생각보다 알차고 재미있어서 또 한 번 놀랐습니다.

이순신 장군님을 향한 장정호 대표의 뜨거운 열정이 이렇게 알찬 책으로 결실을 맺게 되어 참으로 기쁘고 대견합니다.

풍부한 만화와 사진으로 부담없이 읽을 수 있는 뜻깊은 책! 여러분께 자신있게 권해드립니다.

전) 베이징올림픽 한국 선수단 총감독
현) 이에리사 휴먼스포츠 대표 이에리사

교육이란 나라를 나라답게 만드는 것이고 사람을 사람답게 만드는 것입니다. 이런 측면에서 이순신은 성웅 이순신, 불멸의 이순신이라고 불리기에 충분한 불세출의 장군이면서도, 동시에 위대한 교육자이기도 했습니다.

칭기스칸, 나폴레옹은 사람을 죽이는 영웅이었지만, 이순신은 사람을 살리는 방어전의 영웅이었습니다. 이순신 해전의 특징은 정보를 중시하고 군량 확보에 사활을 걸었으며, 속도를 극복하고 신상필벌과 소통을 중시하며 지형지물을 정확히 파악하여 이용하였다는 것이었습니다.

이 책은 미래 사회를 살아갈 인재들에게 필요한 창의와 인성, 소통, 배려, 협력의 중요성을 일깨워 주고 있습니다. 또한 만화, 사진, 역사적 사료,

저자의 생각을 여행자의 입장에서 새롭게 바라봄으로써 이순신의 삶과 발자취를 알기 쉽게 소개하고 있습니다. 그래서 교육자의 한 사람으로서 적극 추천해 드립니다.

서울남산초등학교 원로교사 전병식

10여 년 전 일이다. 같은 교육업계에 종사하다 보니 장정호 대표이하 필자와 함께 지방 출장을 가게 되었다. 며칠 동안이지만 차로 이동을 하고 같이 잠을 자면서, 그가 얼마나 이순신에게 푹 빠져 있는지 알게 되었다. 그 기억이 아직도 강하게 남아 있다. 그가 얘기했던 이순신은 나같은 보통 사람이 떠올리는 이순신이 아니었다. 그의 열정과 남다른 관점에 매료되어 그와 함께 이순신을 연구하는 여행에 참여하고 싶다는 생각을 했었다.

그리고 시간이 꽤 지났다. 얼마 전 필자가 『이순신 여행』이라는 원고를 보내왔다. 원고를 받아든 순간 '회사 일로도 바쁠 텐데 무슨 책을?'이 아니라, '아~ 그래, 그때 얘기하고 연구한 것이 이제 책으로 나왔구나.'라는 생각이 바로 스쳤다. 그는 그동안 끊임없이 이순신을 연구해 왔던 것이다. 이순신에 대한 그의 관심과 사랑의 진정성을 확인하는 순간이었다.

우리가 잘 안다고 생각하지만 사실 거의 모르는 사람이 둘이 있다면, 한 사람은 나 자신이고 나머지 한 사람은 바로 이순신이 아닐까? 이순신은 한국인이 존경하는 인물 1위에 항상 거론되지만, 그 정도로 우리는 그를 잘 모른다.

이제 필자의 친절한 안내로, 우리가 잘 몰랐던 영웅 이순신에서 인간 이순신까지 제대로 알아보자. 우리는 이 과정에서 무엇보다 나 자신을 돌아보게 되지 않을까 생각한다. 나아가 최근 급변하는 국제 정세 속에서 국민 개개인이 왜 깨어나야만 하는지, 또 우리 사회의 리더들이 어떻게 행동해야 하는지 고민해 본다면 더할 나위 없이 좋겠다.

개인이든 사회든 국가든, 반복하고 싶지 않은 역사가 반복되지 않도록!

㈜NE능률 대표이사 황도순

이순신은
세계대전의
영웅이었다

이순신 여행을 떠나기에 앞서

이순신은 왜 영웅인가?

저는 이순신에 대해, 혹은 이순신이 겪은 일들에 대해 다른 분들보다 조금 더 많이 알고 있습니다. 그러나 그것이 제가 이 책을 쓴 이유는 아닙니다. 제가 이 책을 쓴 이유는 이순신에 대해 남들과 조금 다른 관점을 가지고 있기 때문입니다.

관점이 다르다고 해서 이순신이 영웅이 아니라는 말은 아닙니다. 오히려 그 반대입니다. 이순신은 누가, 어떤 관점으로 봐도 위대한 영웅입니다. 거기에는 의심의 여지가 없습니다. 이순신에게 패배했던 일본 장수들 중에서도 그렇게 생각하는 이들이 적지 않았습니다.

저는 이순신이 왜 영웅인지에 대해 조금 특별한 관점과 생각을 갖고 있을 뿐입니다. 그것이 제가 이 책을 쓴 이유입니다.

임진왜란은 세계대전이었습니다

임진왜란은 세계대전이었습니다. 규모로 봐도 그렇고, 중요성으로 봐도 그렇습니다. 당시 명나라는 세계 최강이었습니다. 도요토미 히데요시는 명나라를 정복하고 싶어했습니다. 그런데 막상 전쟁은 두 나라 사이에 있는 조선에서 벌어졌습니다. 애꿎은 조선 땅이 전쟁터가 된 것입니다.

일본은 조선을 먼저 정복하여 중국 정복의 교두보로 삼고자 했습니다. 일본은 개전 초기엔 승승장구했지만 결국 패배하여 물러났습니다. 조선, 일본, 명나라는 7년 동안이나 대규모 국제 전쟁을 치렀습니다. 세 나라 모두 국력이 고갈될 수밖에 없었습니다.

임진왜란은 동아시아 각국에 큰 영향을 끼쳤습니다. 만주족이 세운 청나라가 명나라를 대신하여 동아시아의 패자로 자리잡는 계기가 되었습니다. 일본에서는 도요토미 가문이 망하고 도쿠가와 가문에 의해 에도 막부가 수립되었습니다. 에도 막부는 이후 200년 넘게 쇄국과 평화의 시대를 이어 나갔습니다.

조선은 병자호란 때 오랑캐로 여기던 청에 패배하여 굴욕적인 군신 관계를 맺었습니다. 소중화小中華, 즉 작은 중국이라고 자부하던 조선이 한낱 변방 오랑캐의 신하 국가가 되어버린 것입니다. 도저히 받아들일 수 없는 현실이었지만 그것을 바로잡을 힘도, 능력도 없었습니다. 영화 "병자호란"은 당시 조선이 느꼈던 충격과 혼란을 잘 보여줍니다.

그로부터 350여년 후인 1950년 6월 25일, 또 한 번의 대규모 국제 전쟁이 이땅에서 발발했습니다. 자유주의 세력과 공산주의 세력이 한반도에서 충돌한 것입니다.

소련, 중국, 북한이 공산주의 깃발 아래 뭉쳤고, 미국을 비롯한 21개국이 UN의 자유주의 깃발 아래 뭉쳤습니다. 전투부대를 파병한 16개국에 의료 지원 부대를 파병한 5개국을 더한 것입니다. 6·25는 제 3차 세계 대전이라고 해도 될 정도의 대규모 국제 전쟁이었다고 생각합니다.

한국인이 가장 존경하는 인물 1위, 이순신!

이순신이 없었다면 조선의 운명은 다음 두 가지 중 하나였을 것입니다.

첫째, 명나라와 일본의 합의에 의해 삼남경상도·전라도·충청도지방이 일본 땅이 되었을 것입니다. 임진왜란 당시 명나라와 일본은 실제로 이에 대한 협상을 진행한 바 있습니다.

물론 조선은 목숨을 걸고 이 회담에 반대했습니다. 그러나 힘이 없는 자는 발언권도 없는 법! 이순신의 수군이 죽어가던 조선에 한 줄기 희망의 숨결을 불어넣지 않았다면, 그래서 용기를 얻은 관군과 의병들이 필사적으로 맞서 싸우지 않았다면, 조선의 의견이나 희망 따위는 더 쉽게 무시당했을 것입니다.

둘째, 삼남이고 뭐고 아예 조선 자체가 없어졌을 수도 있습니다. 사실 그럴 가능성이 훨씬 더 컸습니다. 그렇게 되지 않았던 건 순전히 이순신 덕분입니다. 그가 패배하는 것은 조선 전체가 패배하는 것과 같았습니다. 그래서 그는 질 수도 없었습니다.

그래서일까요? 특정 인물을 기리는 유적지 중에 이순신의 유적보다 광범위하게 펴져 있는 것은 이땅에 없습니다. 그는 한 지역이나 거점에 틀어박혀 있지 않았습니다. 거친 바다를 가로질러 적의 기지를 습격했고, 무너진 수군을 재건하기 위해 수백 리 길을 뛰어다녔습니다.

그러다 보니 이순신의 발자취를 더듬다 보면 저절로 이 땅 구석구석을 누비게 됩니다. 한반도의 남쪽 바닷가는 특히 더 그렇습니다.

이순신의 고단한 등을 바라보며 남해안을 여행하던 어느 날, 저는 이 여정이 조선을 지키는 방어선 같다는 생각이 문득 들었습니다. 제가 다닌 이순신 유적지들을 선으로 이어보니, 남해안을 지키는 가상의 방어선이 만들어졌던 것입니다.

거인의 발자국을 따라 걷는 여행

이 책의 1부는 여행의 장입니다. 전국 곳곳에 있는 이순신 관련 유적지 중에서 대표적인 곳들을 고르고 골라 소개하였습니다. 이순신의 발자취를 따라가는 여행을 여러분께 추천해 드리기 위해서입니다. 이 책을 읽는 독자 여러분이 언젠가 저처럼 이순신의 발자취를 따라 여행을 떠날 때, 이 책이 조금이라도 도움이 된다면 참으로 기쁠 듯합니다.

이순신의 고향은 한양, 즉 오늘날의 서울입니다. 젊은 시절에 충청도 아산으로 삶의 터전을 옮겼고, 과거에 급제한 후에는 한반도의 북쪽 끝자락인 함경도에서 근무했습니다.

그러나 아무래도 이순신 하면 바다를 떠올리게 됩니다. 우리 땅 남해 바다 전체가 그의 활동 무대라고 봐도 무방하기 때문입니다. 남해안에는 가는 곳마다 이순신의 숨결을 느낄 수 있습니다.

그 남해 바다에 접한 우리 땅은 너무나 아름답습니다. 이순신이 지켜낸 이 땅에 사는 모든 사람들이 우리의 형제 자매이고, 친척이며, 친구이자 이웃입니다.

이순신의 유적과 발자취는 지금까지도 활발하게 발굴되고 있습니다. 최근에는 이순신이 백의종군했던 루트가 여행 코스로 주목받고 있습니다. 모든 것을 잃은 이순신이 피눈물을 흘리며 걸었던 고난의 길을 되밟고 싶어하는 사람들이 늘어나고 있는 것입니다.

소개하고 싶은 곳들이 셀 수 없을 정도로 많았습니다. 그러나 이 책에서는 여러분이 사랑하는 사람, 여러분이 아끼는 가족들, 여러분의 멋진 친구들과 함께 여행하기 좋은 대표적인 곳들 위주로 소개해 드렸습니다.

이순신의 불패 신화를 가능하게 한 것은 무엇인가?

이 책의 2부에서는 이순신이 다른 나라, 다른 시대의 영웅들과 무엇이 달랐는지를 살펴볼 것입니다. 그리고 그의 불패 신화를 구성하는 요소가 무엇인지에 대해 말씀드리겠습니다.

그와 더불어 이순신이 이룩한 빛나는 승리의 가치를 다시 한 번 평가해 보았습니다. 단, 이순신의 승리가 어떻게 임진왜란을 승리로 이끌었는지를 밝히려고 하지는 않았습니다. "이순신의 해전 승리는 왜군의 전쟁 물자 수송을 힘들게 하였고, 이로써 왜군의 전쟁 수행 능력 자체를 무력화시켰다."와 같은 분석을 하지는 않았다는 뜻입니다.

그 대신, 이순신이 승리를 거두기 위해 자신이 가진 요소들을 어떻게 구축하고 활용하였는지를 이야기 형식으로 풀어 보았습니다. 이런 요소들은 오늘을 살아가는 우리들에게도 충분히 적용 가능합니다.

이순신 여행을 위한 좋은 가이드가 되고 싶습니다

이 책의 제목을 정하기 위해 오랜 시간 고민했습니다.

수많은 후보 중에서 『이순신 여행』이라는 제목을 골랐습니다. 이 책을 쓴 제 마음을 가장 잘 표현하는 것 같아서입니다.

가볍게, 또는 진지하게 이순신 여행을 떠나실 분들에게 좋은 가이드가 되어드리고 싶습니다. 독자 여러분의 이순신 여행이 즐겁고 유익할 수 있도록, 지금부터 제가 성심성의껏 안내하여 드리겠습니다.

하지만 독자 여러분이 만나는 이순신은 오롯이 여러분 자신만의 것입니다. 이순신을 만나며 느끼는 감정과 경험은 그 누구의 것도 아닌 당신만의 것이니까요.

이 책을 읽는 모든 분들이 이순신과 한 걸음 더 가까워졌으면 하는 마음 간절합니다.

한산도 제승당 입구

1부 여행편 The Heroic Journey of Admiral Yi Soon-Shin

전라도 편 영웅의 고뇌

경상도 편 영웅의 부활

거북선과 판옥선을 만들었던 여수 선소 유적

2부 전략편 The Winning Strategy of Admiral Yi Soon-Shin

이순신과 도요토미 히데요시

무엇이 이순신을 특별하게 하는가

통영항에서 바라본 바다

이순신 해전의 특징을 알아보자

인간 이순신 인격의 극한에 도달하다

영웅이 떠난
자리마다
꽃이 피었다

서울 편 영웅의 탄생

이순신은 어떻게 생겼을까?

서울에 구경하러 오셨다면 어디부터 가보는 게 좋을까요? 여러 곳이 있겠지만 경복궁을 첫손에 꼽을 수 있지 않을까요? 그 경복궁의 대문이 광화문이고, 그 앞에 광화문 광장이 있습니다. 광화문 광장의 명물은 무엇일까요? 사람마다 다르겠지만 저는 이순신 동상이라고 생각합니다.

충무공 이순신 장군 동상은 높이가 17미터입니다. 눈에 확 들어옵니다. 안 보려야 안 볼 수가 없습니다. 그런데 엄밀히 말하면 이것은 그분을 상징하는 동상일 뿐, 그분의 실제 모습은 아닙니다. 이순신이 활동했던 16세기 말에는 카메라가 없었으니까요.

이순신이라는 이름을 들으면 어떤 모습이 떠오르시나요?

이순신 영정 사진 (서울교육박물관 소장)

위 그림은 일제강점기에 간행된 『증정 중등조선역사』라는 교과서에 실린 충무공 영정입니다. 여수 충민사에 있던 초상화를 촬영한 것입니다.

이 영정은 이순신의 실제 모습을 보고 그렸거나, 실제 모습을 보고 그린 영정을 모사한 것으로 알려져 있습니다.

다음 페이지의 초상화는 출처가 불분명한 조선시대 그림입니다. 오른쪽에 충무공이순신상忠武公李舜臣像이라고 적혀 있으며, 부산시 문화재 자료로 지정되어 있습니다.

현존하는 영정 중에서 가장 오래된 것으로 평가받는 이순신 영정.
임진왜란 당시 이순신과 함께 전투를 치렀던 종군 승려가 그린 초상화를
신원 미상의 화가가 조선 말엽에 모사한 것이라고 한다.
부산광역시 문화재자료 56호로 지정되어 있다. 동아대 석당박물관 소장.

이순신은 실제로 어떤 모습이셨을까요? 궁금증을 해결하기 위해 그분을 직접 본 적이 있는 분의 기록을 찾아보았습니다.

대표적인 인물이 바로 서애 유성룡입니다. 임진왜란 당시의 상황을 기록한 유성룡의 책『징비록』에는 다음과 같은 구절이 있습니다.

舜臣爲人 寡言笑 순신위인 과언소 **容貌雅飭** 용모아칙

如修謹之士 여수근지사 **而有中膽氣** 이유중담기

"이순신의 사람됨은 말과 웃음이 적었다. 용모는 단아하고 곧아서 마치 근신하는 선비와 같았다. 그러나 그 마음속에는 담대한 기운이 있었다." 라고 해석할 수 있습니다.

이순신과 동시대를 살았을 뿐만 아니라 그와 같은 해에 과거에 급제한 고상안이란 분도 있습니다. 그는 이순신에 대해 이렇게 말했습니다.

“이 통제사는 나와 과거시험 동기였다. 그래서 여러 날 동안 한 방에서 함께 지냈다. 그의 언변이나 지혜로 볼 때 국가의 위기를 수습할 만한 재능을 지녔음에는 분명했으나, 신체가 풍후豊厚하지 못하고 얼굴 또한 건순乾脣이어서 복장福將이 아니란 생각이 들었다.” 출처 : 머니투데이에 실린 김언종의『이순신과 강감찬』

이순신과 동시대를 살면서 그 분을 직접 본 사람의 기록은 위의 두 분의 것이 전부입니다. 조선시대에도 자신의 초상화를 남긴 분들이 많았지만, 안타깝게도 이순신의 초상화는 전해지지 않고 있습니다.

유성룡과 고상안은 이순신의 몸집이 크지 않았다고 말하고 있습니다. 무인이자 장수였지만 그 모습은 선비와 같다고 했으며, 풍채도 후덕하지 않았다고 한 데서 알 수 있습니다.

고상안이 쓴 "복장은 아니다."라는 표현은 그때 당시의 인물관에 따른 것입니다. 따라서 현대적 관점의 복장으로 생각해서는 안됩니다. 예전엔 달덩이처럼 얼굴이 동그랗고 몸매가 통통한 여성들이 미인으로 인정받았습니다. 남자들도 몸매나 얼굴이 후덕해야 복상福相으로 여겼습니다. 그러나 조선시대의 많은 초상화들을 보면 알 수 있듯이, 우리 조상들은 후덕하지 않은 경우가 더 많았습니다.

결론적으로, 이순신은 덩치가 엄청 크고 우락부락하지 않았던 것 같습니다. 최고의 장수였지만 용맹한 무관武官보다는 지적인 문관文官에 가까웠다고 할까요?

오른쪽의 이순신 표준 영정은 그런 기록을 바탕으로 만들어진 것입니다. 어떻습니까? 무신이 아니라 문신에 가까운 분위기를 표현하려고 노력한 흔적이 보이지 않습니까?

하지만 저는 여전히 배가 고픕니다. 그분의 모습을 조금이라도 더 구체적으로 알 수는 없을까요?

후손이라는 거울에 비친 이순신의 모습

과학이 발달한 현대를 살아가는 우리들이 종종 놓치는 중요한 증거가 있습니다. 그것은 바로 그 후손들입니다. 부모와 가장 많이 닮은 사람은

충무공 이순신 표준 영정

그 자식이라는 사실을 뒤집어 생각해보면, 자식을 가장 많이 닮은 사람은 부모일 거라고 생각할 수 있으니까요.

물론 배필을 만나서 대가 이어지기 때문에 똑같다고 할 수는 없습니다. 그래도 이순신의 유전자를 이어받은 후손을 통해서 그분의 모습을 유추하는 것이 어느 정도는 과학적이지 않을까요?

이순신에게는 다섯 명의 아들이 있었습니다. 셋째와 다섯째 아들은 후손이 없는 상태에서 돌아가셨지만 나머지 아들들은 결혼해서 대를 이었습니다. 충무공의 직계 후손인 이분들은 덕수 이씨 충무공파를 형성하여 살아가고 계십니다.

충무공의 13대손이자 아산 현충사 직원이신 이종우 님

저는 몇 해 전에 이순신의 직계 후손을 처음 만나뵈었습니다.

참 행운이라고 생각했습니다. 그 행운은 여러분도 언제든지 누릴 수 있습니다. 제가 만난 이순신 후손은 아산 현충사에서 문화재 해설을 하고 계시기 때문입니다. 그분은 혹시라도 선조인 이순신 장군에게 누를 끼칠까봐 끊임없이 겸손한 자세를 지키셨습니다. 그래도 어렵게 허락을 받아서 왼쪽 페이지와 같이 사진을 게재하였습니다.

지금까지 광화문 이충무공 동상에서 표준 영정을 거쳐, 직계 후손의 모습까지 살펴보았습니다.

어떠세요? 이순신 장군이 좀 더 가깝게 느껴지시나요?

충무공 이순신이 태어나고 자란 곳은 서울입니다. 이 책을 읽고 계신 많은 분들이 태어나 자란 곳, 일하기 위해, 또는 관광하기 위해 많이들 찾아오시는 바로 그곳, 대한민국의 수도 서울입니다.

김세랑 작가가 제작한 이순신 피규어

이순신의 얼굴이 포함된 1970년대 지폐 (일부 확대)

고상안의 기록乾膌에 맞게 그려본 이미지

해군사관학교 이순신 동상

왼쪽부터 1932년 청전 이상범, 1952년 이당 김은호, 1952년 월전 장우성 화백이 그린 이순신 영정

서울 광화문 이순신 동상

이순신의 후손들에 대한 신문 기사

이순신은 부인 상주 방씨와의 사이에 세 아들 이회 · 이열 · 이면을, 둘째 부인 해주 오씨와의 사이에는 이훈 · 이신 두 아들을 두었다. 이회의 종손은 현재 이철용 씨이고 이열의 종손인 이재문 씨는 서울에 거주하고 있다. 이훈의 종손인 이재룡 씨는 일본으로 건너간 뒤 문중과는 사실상 연락이 끊긴 상황이다. 이면과 이신은 일찍 사망해 후손을 두지 못했다.

이순신의 충무공파 후손으로는 법무부 장관과 감사원장을 역임한 이종남 씨를 비롯해 이종호 전 원호처장과 국회의원을 지낸 이규갑, 이민우 씨 등이 있다. 충무공 후손인 덕수 이씨 정정공 · 풍암공 종회의 이재신 회장은 "충무공과 관련된 큰 행사는 국가나 지방 자치에서 주관하는 만큼, 종중 중앙의 행사에 치중하고 있는 후손들도 있긴 하다."라며 "우리는 후손들이 자긍심을 가질 수 있게 장학금 지급이나 선양 행사 등을 지속하고 있다."라고 말했다.

출처 : 한경 박종진 기자 jjpark@hk.co.kr

이순신이 태어난 곳 : 충무로 인쇄소 골목

서울 중구 마른내로 47.

명보아트홀의 주소입니다. 명동성당이 근처에 있고, 제 딸이 태어난 백병원도 이 부근에 있습니다.

명보아트홀의 옛 이름은 명보극장입니다. 이제는 CGV, 롯데시네마 등에

밀려 지명도가 많이 떨어졌지만, 예전에는 아주 유명했습니다.

지금도 적지 않은 차와 사람들이 명보아트홀 앞을 오가고 있습니다. 대부분의 사람들은 그저 무심히 스쳐 지나갑니다. 극장 앞에 자리잡은 "충무공 이순신 생가터" 표지석의 존재 자체를 잘 모르기 때문입니다.

그런데 이 비석을 세운 분은 이 자리가 맞다는 걸 어떻게 알았을까요?

명보아트홀 근처는 인쇄소 골목으로 유명합니다. 지금은 많이 쇠락했지만 충무로는 대한민국 인쇄, 영화, 문화의 중심지였습니다. 아직도 한국 영화계를 종종 "충무로"라고 부를 정도지요.

충무로 인쇄소 골목

거미줄처럼 얽힌 충무로 골목 깊숙한 곳에 또 하나의 이순신 생가터 표지석이 있습니다.

서울시 중구 인현동 1가 31-2번지, 신도빌딩입니다. 이 자리가 이순신 장군이 탄생하신 곳이라고 합니다. 사람은 한 명인데 생가터 표지석은 왜 두 개일까요?

명보아트홀 앞에 있는 표지석은 1985년에 서울시에 의해 세워졌습니다.

그런데 이때, 많은 사람들에게 알리기 위해 실제 생가터가 아니라 많은 사람들이 오가는 대로변에 설치했던 것입니다.

30여 년이 지난 2017년, 뜻있는 분들이 역사학자의 고증을 받아서 신도빌딩 자리를 진짜 이순신 생가터로 확정한 뒤에 이 표지판을 설치하였습니다.

이곳은 명보아트홀에서 걸어서 5분도 걸리지 않습니다. 찾아가는 길은 다음과 같습니다.

신도빌딩 찾아가는 길 : 서울시 중구 인현동 1가 31-2번지 ©네이버 지도

이순신은 1545년에 한양 건천동에서 태어났습니다. 건천乾川은 마를 건乾자와 내 천川 자가 합쳐져서 만들어진 말입니다. 이것을 순우리말로 바꾸면 "마른내"가 됩니다. 지금의 서울 중구 인현동, 초동 일대를 옛날 분들은 마른내라고 불렀답니다. 이번에 새로 바뀐 주소명도 마른내로라고 하네요. 제 귀에는 건천동보다 아름다운 것 같습니다.

이순신이 어디서 탄생하였는지는 역사학자들도 정확히 집어내기 어렵다고 합니다. 그래도 이순신이 경복궁에서 도보로 30분 이내에 있는 건천동, 그중에서도 현재의 명보아트홀과 충무로 인쇄 골목 근방에서 태어나셨다는 것만은 확실합니다.

이순신은 덕수 이씨입니다. 덕수 이씨는 고려 말과 조선 초를 거치며 다수의 과거 급제자와 문신을 배출한 집안이었습니다. 대제학까지 배출한 문신 집안이었지요. 우리가 잘 아는 이율곡도 덕수 이씨입니다. 이순신의 바로 손윗세대였습니다.

이율곡과 이순신은 서로가 같은 집안 사람이란 것을 알고 있었습니다. 그러나 두 분 사이에 왕래가 있지는 않았습니다.

예전에는 이순신의 아버지 이정李貞의 아버지, 즉 이순신의 할아버지 이백록李百祿이 기묘사화에 연루되었다는 이야기가 있었습니다. 그러나 지금은 그렇지 않다고 보는 게 정설입니다. 기묘사화는 1519년의 일인데, 중종 29년1534과 35년1540, 그리고 명종 1년1546에 작성된 실록에 이백록의 이름이 등장하기 때문입니다.

이순신의 아버지 이정은 희신羲臣, 요신堯臣, 순신舜臣, 우신禹臣의 네 아들을 두었습니다. 중국 고대 제왕의 이름을 딴 것입니다. 이순신은 그 순서만 보아도 알 수 있듯이 셋째 아들이었습니다.

이순신의 가계 이순신세가 웹툰에서 발췌

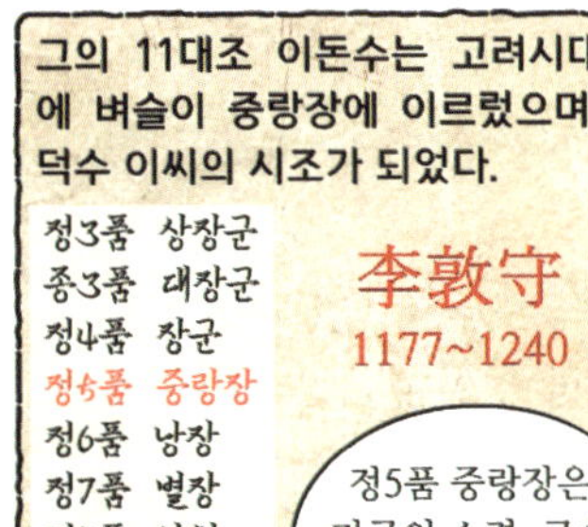

이순신의 어린 시절에 관한 정확한 기록은 없습니다. 이런저런 기록은 있지만 객관적이라거나 정확하다고 말하기 힘듭니다.

그러나 이순신이 문신 집안에서 태어나 무과에 급제했다는 것만은 확실합니다. 이것은 흔한 경우가 아닙니다. 어쨌든 이로 인해 이순신은 문무를 모두 갖출 수 있었습니다.

앞에서 말씀드렸듯이 이순신은 한양 사람입니다. 그것도 한양 도성 근처에서 살았습니다. 소년 이순신은 궁궐에서 흘러나오는 소문을 매일같이 들으며 자라났을 것입니다.

이순신이 무과 과거 시험을 본 훈련원도 이순신이 뛰놀던 동네 근처에 있습니다. 어린 이순신은 옆동네에 있던 훈련원에 놀러가서 무과 시험을 구경하곤 했을 것입니다.

이 일대는 지금도 충무동, 충무로 등으로 불리고 있습니다. 그 충무가 다름아닌 "충무공 이순신"에서 왔다는 데에 저절로 무릎이 탁! 쳐집니다.

조선시대에 충무공 시호를 받은 분은 아홉 명이나 됩니다. 물론 충무공 하면 보통은 이순신을 지칭하지요. 어쨌든 서울 중구 충무로의 충무忠武는 이순신을 기리는 뜻에서 붙인 것이 맞습니다.

세종로는 세종대왕, 을지로는 을지문덕 장군, 율곡로는 율곡 이이, 퇴계로는 퇴계 이황! 서울 한복판의 지명들이 참으로 뜻깊지 않습니까?

뜻깊은 것은 또 있습니다. 바로 우리나라 지폐입니다. 모두 다 아시는 것처럼, 천 원짜리에는 퇴계 이황이, 오천 원짜리에는 율곡 이이가, 그리고 만 원짜리에는 세종대왕이 자리잡고 계십니다.

이황, 이이, 세종은 지폐 속에도 있습니다. 천 원, 오천 원, 만 원

이순신의 첫 번째 근무지 : 훈련원 터

스물세 살의 청년 이순신은 한 아이의 아버지가 되었습니다. 그 아들의 이름은 회薈라고 지었습니다.

이순신은 스물하나에 결혼했습니다. 부인은 보성군수 방진의 딸입니다. 방진은 조선 제일의 명궁名弓으로 이름을 떨쳤다고 합니다.

이순신은 결혼 1년 후인 스물두 살 때부터 본격적으로 무예를 연마했습니다. 무과 과거 시험에 응시하기 위해서였습니다. 무과 준비를 시작한 시기를 보면 부인과 장인의 영향이 컸음을 쉽게 짐작할 수 있습니다.

문신 집안에서 나고 자란 이순신이 무과 시험을 준비한데는 여러 가지 이유가 있었을 것입니다. 그 중에는 그의 장인이 뛰어난 명궁이자 무신

이었다는 점도 있었을 겁니다. 그후 이순신은 관직 생활을 하는 중에도, 심지어 임진왜란을 치르는 도중에도 언제나 활쏘기와 함께 합니다.

스물두 살 때부터 무과를 준비한 이순신은 스물여덟 살에 첫 시험을 보았습니다. 6년이나 준비하고 응시했으니 준비기간이 짧다고 보기는 어렵겠네요.

참고로 조선시대 과거 합격자의 평균 연령은 서른 살 정도였습니다. 유명한 선비들이 워낙 소년 급제를 많이 해서 그렇지, 일반적인 과거 합격자들의 나이는 그렇게 어리지 않았습니다. 마흔이나 쉰을 넘긴 합격자도 드물지 않았습니다.

이순신이 스물여덟에 첫 과거시험을 본 곳도 훈련원이었습니다. 태어나서 자란 건천동에서 가까운 곳이었지요.

이순신은 첫 번째 과거 시험을 보다가 말에서 떨어져 크게 다쳤습니다. 그러나 의연히 일어나서 버드나무로 다친 다리를 묶은 뒤, 끝까지 시험을 보았다는 유명한 일화를 남겼습니다.

그러나 시험 결과는 불합격이었습니다. 이순신은 4년 뒤에 다시 응시해서 29명 중 12등으로 합격합니다. 서른두 살에 군인이 된 것입니다.

이순신이 과거 시험을 본 훈련원 터의 주소는 "서울시 중구 을지로 227"입니다. 지금은 훈련원 공원이 되어 있습니다.

훈련원 공원은 옛 훈련원을 기념하여 만들어진 공원입니다.

흔련원은 무과 시험을 보던 시험장이었고, 군인들의 훈련소였고, 병기와 병법을 연구하는 연구소였습니다.

훈련원공원
Hullyeonwon Park

이순신은 훈련원에 또 하나의 사연이 있습니다.

1572년 2월에 치러진 과거 시험에 급세한 이순신은 "권지훈련원 봉사"가 되었습니다. 권지權知라는 말은 임시직 또는 실습생이라는 뜻입니다. 조선을 건국한 태조 이성계도 처음에는 명나라로부터 권지고려국사權知高麗國事라고 불렸습니다. 새 나라의 왕으로 인정받지 못했던 것입니다.

어쨌든 "훈련원 봉사 실습생" 이순신은 실습 과정을 무사히 마친 것 같습니다. 그해 12월에 함경도 동구비보의 권관으로 발령받았으니까요. 서른세 살을 눈앞에 둔 나이에 종 9품의 최하위 장교가 된 것입니다.

숙명 같은 셋째 아들 면葂이 이듬해 2월에 태어났습니다. 이순신이 함경도로 발령받은 지 삼 개월째가 되던 때입니다.

앞에서도 말씀드렸듯이 훈련원과 이순신의 집은 한동네라 해도 될 정도로 가까웠습니다. 아마도 집에서 출퇴근을 했던 것 같습니다. 그래서 아내의 임신과 출산이 가능했겠지요.

다르게 생각할 수도 있습니다. 부인 상주 방씨는 아산 친정에서 큰아들 회와 작은아들 예莅를 키우고 있었고, 남편 이순신은 휴일이나 휴가 때 아산을 방문했을 지도 모릅니다. 셋째 아들은 이때 생겼을 수도 있습니다. 아무튼 부부의 금슬이 나쁘지 않았다는 것만은 분명해 보입니다.

이순신은 함경도 동구비보 권관진관체제의 종 9품 무관의 임무를 무사히 수행하고, 35살 되던 1579년 2월에 종 8품 훈련원 봉사가 되었습니다.

훈련원 봉사로 재직하던 시절, 이순신의 상관 중에 서익이라는 사람이 있었습니다. 서익은 이조정랑이었습니다. 이조정랑은 정 5품에 불과하지만, 인사권에 관여하기 때문에 매우 영향력이 있는 자리였습니다.

서익은 그의 측근을 특진시키려고 했습니다. 그런데 감히! 종8품 봉사에 불과한 이순신이 반대하고 나서는 게 아닙니까? 이 일로 인해 이순신은 서익의 눈밖에 났고, 얼마 못 가서 지방으로 좌천당하고 말았습니다.

대쪽 같음을 넘어서 까칠할 정도인 이순신의 성품이 잘 드러나는 일화라고 할 수 있습니다. 그런데 이런 일화가 또 있습니다.

그의 장인어른인 보성군수 방진이 명궁이라고 앞에서 말씀드렸지요? 방진은 사위 이순신에게 장인이 만든 화려한 화살통을 선물했습니다. 이순신은 그 멋진 화살통을 좋아해서 자주 차고 다닌 것 같습니다.

그러던 어느 날, 이순신은 길에서 우연히 병조판서를 만났습니다. 병조는 군사를 관할하므로 이순신의 최고 직속상관인 셈입니다. 그 병조판서의 이름은 유전柳塡이었습니다. 이순신의 인사를 받던 병조판서 유전이 그의 명품 화살통을 보았습니다.

병조판서는 그 화살통을 자신에게 선물로 줄 수 없느냐고 물었습니다. 이런 상황에서 어느 부하가 거절할 수 있을까요? 아니, 오히려 병조판서의 눈에 들 기회라며 좋아했을지도 모릅니다.

그런데 이순신의 대답은 아래와 같았습니다.

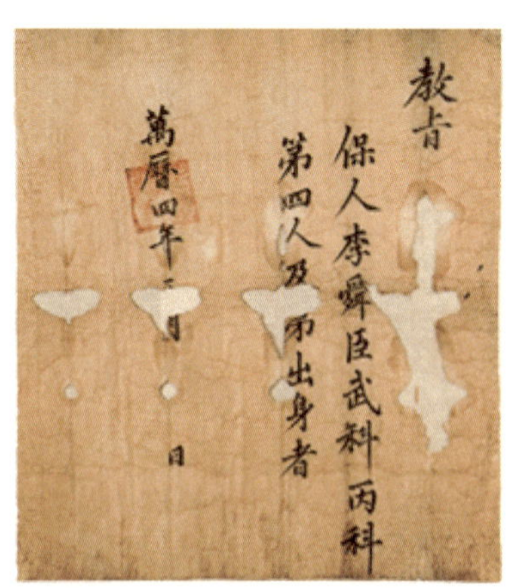
教旨
保人李舜臣武科丙科
第四人及第出身者
萬曆四年三月 日

이순신의 과거 급제 교지 (아산 현충사 소장)

"판서 어른께 이까짓 화살통 하나 드리는 건 조금도 어렵지 않습니다. 하지만 이 보잘것없는 화살통 하나 때문에 어르신이 부하의 화살통이나 받는 사람이라는 비난을 듣게 되고, 저는 화살통이나 바쳐서 출세하려는 치사한 부하라는 오해를 받는 것이 두려울 뿐입니다."

이 말을 들은 병조판서는 더 이상 화살통을 달라고 하지 못했습니다. 참으로 대쪽 같은 이순신입니다.

이렇게 강직한 이순신이 좌천당하여 약 10개월 동안 충청도 절도사의 군관으로 지냈습니다. 그런데 몇 달 후, 이번에는 이순신 본인이 파격적으로 승진하게 되었습니다. 1580년선조 13년, 그의 나이 서른다섯에 발포지금의 전남 고흥군 만호가 된 것입니다. 만호는 종 4품입니다. 종 8품 군관에서 무려 여덟 계단이나 승진한 것입니다.

그러나 만호 생활은 오래 가지 못했습니다.

군기경차관이라는 관직이 있습니다. 군기경차관은 각 군의 진영에서 병기를 잘 관리하는지 등을 점검하는 관직입니다.

어느 날, 이순신이 책임자로 근무하던 발포진에 군기경차관이 병기 검열을 나왔습니다. 그런데 그 군기경차관이 하필 서익이었습니다. 이조정랑이던 그가 병조정랑으로 부서 이동을 한 것입니다.

서익은 이순신의 병기 관리가 엉망이라는 악의적인 거짓 보고를 조정에 올렸습니다. 이때문에 이순신은 이듬해 다시 종 8품 훈련원 봉사로 강등되고 말았습니다.

훈련원은 이순신과 참으로 인연이 깊은 곳이었습니다.

조선 성종 때 간행된 기본법전인 ≪경국대전≫에 따르면
훈련원은 아래와 같은 직제로 구성되어 있었습니다.

지사(**知事**, 정2품) 1인	판관(**判官**, 종5품) 2인
도정(**都正**, 정3품당상) 2인	주부(**主簿**, 종6품) 2인
정(**正**, 정3품당하) 1인	참군(**參軍**, 정7품) 2인
부정(**副正**, 종3품) 2인	봉사(**奉事**, 종8품) 2인
첨정(**僉正**, 종4품) 2인	습독관(**習讀官**) 30인

훈련원의 핵심 기능은 무관을 선발하는 시취(試取)와
군관들을 훈련시키는 연무(鍊武)였습니다.

이순신이 16일간 근무했던 곳 : 사복시 터

본영의 탐후선이 들어왔는데 그 편에 순찰사의 공문과 명나라 시랑 송응창의 패문을 가지고 왔다. 사복시의 말 5필을 중국에 보내기 위해서 올려 보내라는 공문도 왔기에 병방 진무를 보냈다.

– 계사년 5월 12일, 난중일기 중 『계사일기』

사복시는 조선시대에 말과 마구, 그리고 목장을 관장하던 관청입니다.

1586년, 이순신은 아버지의 3년상을 마칩니다. 그리고 부임한 곳이 사복시입니다. 직책은 종 6품 주부主簿였습니다.

그런데 사복시에 부임한지 불과 16일 만에 함경도 조산보 만호가 되었습니다. 만호는 위에서 말한대로 종 4품 관직입니다. 그리고 이듬해에는 두만강 하류에 있는 녹둔도의 둔전관도 겸하게 됩니다.

여기 사복시 터에는 삼봉 정도전의 집이 있었습니다. 정도전은 한마디로 조선의 시스템을 만든 사람입니다. 조선은 이성계와 정도전이 만들었다고 할 정도로 영향력이 컸습니다.

정도전은 이성계의 셋째

삼봉 정도전 표준영정 (권오창 화백, 일부)

아들 이방원과 세자 책봉 문제로 충돌합니다. 이방원은 이성계의 첫째 부인 출신이었는데, 정도전은 이성계의 둘째 부인이 낳은 아들을 세자로 밀었던 것입니다.

조선 건국을 위해 피땀 흘려온 첫째 부인의 아들들을 제쳐두고 둘째 부인의 어린 아들이 세자가 된다는 것을, 이방원은 도저히 받아들일 수가 없었습니다.

이방원은 왕자의 난을 일으켜서 정도전을 죽였습니다. 후일 태종이 된 이방원은 정도전의 집터에 말과 마구를 관리하는 관청인 사복시를 설치했습니다.

그로부터 수백 년 동안, 이곳 사복시 터는 계속 말馬과 관련된 장소였습니다. 1983년이 되어서야 서울경찰청 기마대가 이곳을 떠났으니까요. 하지만 말과의 인연은 그게 끝이 아니었습니다.

지금 그곳에 들어선 "이마" 빌딩 때문입니다. 사람의 이마가 아닙니다. 이로울 리利 자에 말 마馬 자를 씁니다. 말을 이롭게 하는 빌딩이라는 뜻이니, 여전히 말과 관련된 자리라고 볼 수 있지요.

이마빌딩은 입주한 회사들이 번창하는 명당으로 소문이 자자합니다. 하지만 관청이나 회사가 아닌 개인의 집터로서는 좋지 않았던 것 같습니다. 삼봉 정도전의 마지막이 좋지 않았기 때문입니다.

서울특별시 종로구 종로1길 42 이마빌딩

살아계실 적에 늘 그러하셨듯이
말없이 나라를 지키고 계신
장군의 뒷모습. 지금 이 순간,
무슨 생각을 하고 계실까?

영웅의 성장 – 충청도 편

현충사와 아산 생가터

이순신 여행의 시작은 아산 현충사입니다. 이순신 장군께 인사도 드리고, 신고식도 하기 위해서입니다. 이제부터 당신을 찾아서 여행을 떠난다고 말씀드리려는 것입니다.

충의문에서 본 현충사

아산 현충사는 누가 뭐래도 전국에 있는 모든 이순신 유적의 성지이자 수도입니다. 이곳 아산 현충사 안에 이순신 표준 영정이 있고, 기념관이 있으며, 이순신 고택과 유물도 있습니다. 특히 그 어느 곳보다 많은 진품들을 소장하고 있습니다.

현충사는 유생들의 건의로 조선 숙종 32년1706년에 어명에 의해 세워졌습니다. 그런데 일제강점기가 되자 이곳 현충사와 충무공 묘소가 일본인에게 넘어갈 위기에 처했습니다.

그러자 윤치호를 중심으로 충무공 유적 보존회가 결성되었습니다. 전국적인 현충사 복원 모금 운동도 일어났습니다. 2만 명 넘는 선조들이 모금운동에 동참한 덕분에, 현충사와 묘소를 끝내 지켜낼 수 있었습니다.

이충무공 영정 봉안 행사에 수많은 국민들이 운집해 있다. 1932.6.7. 동아일보

李忠武公影幀奉安式畵報

萬衆의 血淚로 重建된 顯忠祠. 新祠에 奉安될 忠武公影幀

誠金에 凝結된 追慕의 熱情
上下總意는 遺跡保全
位土問題에서 影幀奉安까지
前後의 經緯와 內容

位土競賣問題가 發端
激成된 民族的 義憤
發露된 民族的 至情

收合된 誠金
一萬七千圓

全土에 瀰滿한
偉人追慕熱

公의 遺物은
永久히 保存

由緖기픈 牙山舊蹟에
顯忠祠重建落成
辛未年七月에 起工

影幀奉安式
來六月五日
牙山白岩서 擧行

顯忠祠建物槪要

李忠武公遺蹟
保存誠金決算表
▲一金一萬六千二十一圓三十錢也
▲一金一萬五千六百三十一圓六十五錢也
差引殘金三百八十九圓六十五錢也

충무공 유적 보존회의 활동을 지원하는 당시 동아일보 기사

현충사에 가시면 길 왼쪽에 기념관과 고택이 있습니다. 하지만 일단은 쭉 직진하시는 것을 추천드립니다. 먼저 현충사 사당에 가서 이순신 영정에 인사를 올리는 것이 도리이자 순서이기 때문이지요.

예전에는 사당에 방명록이 있었습니다. 그래서 인사와 묵념을 마치면 으레 방명록을 작성하곤 했지요. 요즘은 개인정보 보호를 위해 예전처럼 방명록이 비치되어 있지는 않습니다.

현충사 본전本殿

방명록 작성을 희망하는 분들은 방명록을 요청하시면 됩니다. 민감한 개인정보는 생략하더라도 예전처럼 누구나 방명록을 작성할 수 있었으면 좋겠습니다.

전국 각지에서 오신 분들의 이름, 삐뚤빼뚤한 아이들의 이름, 이름들…

나라를 구하고 백성을 지킨 영웅을 기리며 어린 시절에 쓴 방명록을 어른이 되어 다시 본다면, 그 자체로 하나의 멋진 추억이 되지 않을까요?

이순신 장군께 인사를 하셨다면 이제 생가도 둘러보시고, 기념관에 가서 난중일기 진본을 비롯한 유물들도 관람하시기 바랍니다.

유물 전시관과 교육 시설 등을 갖춘 충무공 이순신 기념관

이순신의 옛집 : 아산 현충사 고택

이순신은 한양 건천동에서 태어났습니다. 하지만 이순신과 그의 후손들이 살던 곳은 바로 이곳, 아산 현충사 내에 있는 이순신 고택故宅입니다. 이 집은 이순신의 외갓집이었다는 설도 있고, 처갓집이라는 설도 있습니다.

우리나라가 전통적으로 모계 사회였다는 주장을 저는 일리있게 받아들입니다. 조선 중기까지만 해도 결혼 초기에 부인의 집에서 사는 경우가 흔했습니다. 양반 가문도 마찬가지였지요. 이율곡이 태어난 곳도 어머니 신사임당의 집이 있던 강원도 강릉이었습니다.

이순신이 어린 시절에 내려온 아산은 어머니인 초계 변씨의 연고지였습니다. 그리고 이순신의 부인인 상주 방씨도 훗날 온양 방씨로 합본될 정도로 이 지역에 연고가 있었습니다. 당시에 온양현과 아산현이 바로 붙어 있었습니다. 지금은 아산시로 통합되어 있지요.

이순신은 바로 이곳, 아산의 어머니 집에서 살았습니다. 이순신이 무과에 응시하기 위해 말을 달리고 활을 쏘던 곳도 이곳입니다. 이순신의 후손들도 대대손손 여기서 살아왔습니다. 최근에는 이 집에서 사는 후손은 없고, 중요한 제사만 여기서 지낸다고 합니다.

현충사 고택 전경

저는 이 집의 터가 아주 좋다고 생각합니다. 집에서 느껴지는 온화하고 포근한 느낌이 첫 번째 이유이고, 터가 높지 않은데도 시야가 좋은 것이 두 번째 이유입니다.

이렇게 탁 트인 시야와 아늑한 느낌은 이순신이 잠든 묘소에서도 받을 수 있습니다.

이순신의 친가는 그렇게 부유하지 않았을 것으로 짐작됩니다. 그러나 어머니 초계 변씨는 지역 사회에서 상당한 재력을 유지하고 있었던 것 같습니다.

초계 변씨는 이순신이 과거에 급제하자 무척 기뻐하면서 자녀들에게 토지와 노비를 나누어주셨습니다.

아래 사진은 그 내용이 담긴 문서입니다.

초계 변씨 별급문기 (아산 현충사 소장)

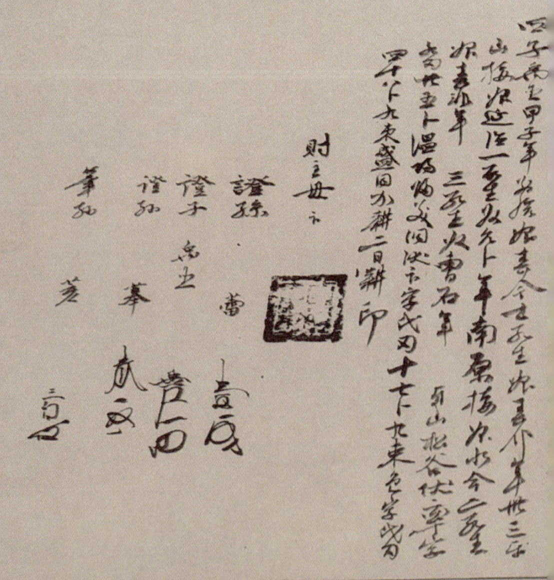

이 문서를 보면 아산뿐만 아니라 전국 각지에 노비와 토지가 있었음을 알 수 있습니다.

어머니에게 땅이 있었다는 사실은 친정인 초계 변씨 집안이 상당한 재력가였다는 점, 그리고 당시 여자에게도 집안의 재산이나 유산이 잘 나누어졌다는 점, 결혼하고 나서도 부인의 재산이 온전히 지켜진 점 등을 짐작하게 합니다. 그리고 과거의 다른 나라들처럼, 우리나라에서도 노비가 물건처럼 취급되었다는 것도 알 수 있습니다.

이순신과 어머니의 관계는 아주 각별했습니다. 어머니에 대한 이순신의 효심도 극진하였습니다.

1583년 11월, 이순신의 아버지 이정이 73세의 나이로 별세했습니다. 그 소식은 2개월 뒤인 1584년 1월에 이순신에게 전해졌습니다. 이순신은 즉시 낙향하여 3년상을 치렀습니다. 이때 그의 나이 39세였습니다.

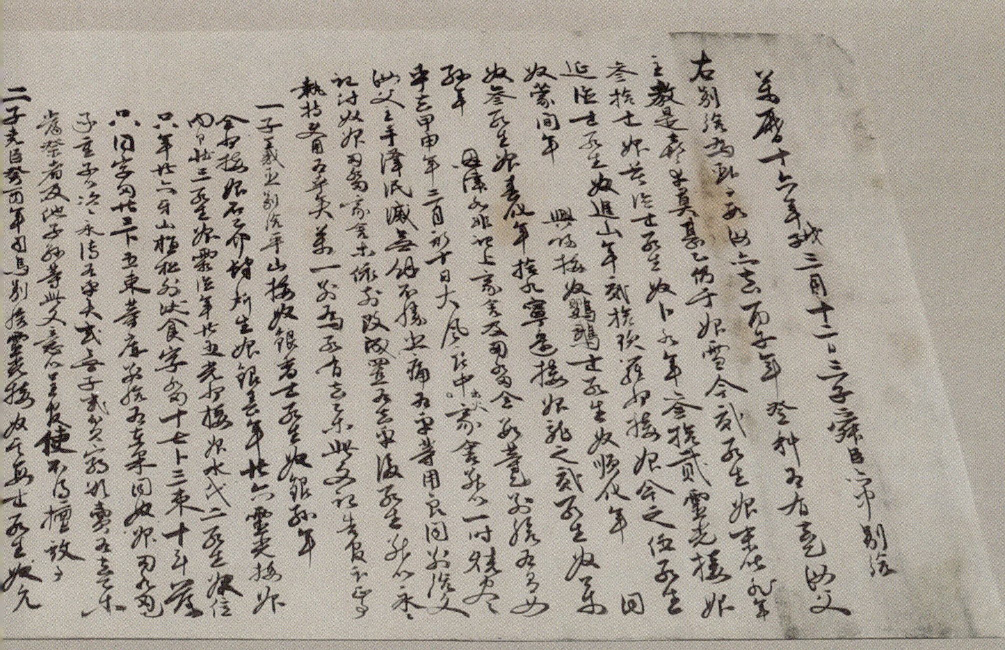

아버지가 돌아가시고 15년 뒤, 이순신의 어머니 초계 변씨는 1597년 4월 11일에 83세의 나이로 돌아가셨습니다. 이순신은 이 사실을 이틀 뒤인 4월 13일에 알게 됩니다.

전쟁 중이다 보니 3년상은커녕, 일주일도 되기 전인 4월 19일에 백의종군 길에 올라야 했습니다. 당시 그의 나이 쉰셋이었습니다.

이순신의 큰형 희신과 둘째형 요신은 비교적 일찍 세상을 떠났습니다. 그래서 이순신이 형수와 조카들까지 거두어 보살핀 것 같습니다. 큰형 희신의 셋째 아들 이분李芬, 1566~1619과 넷째 아들 이완李莞, 1579~1627은 임진왜란 때 이순신의 휘하에서 활약했습니다.

이분은 1566년생이고 이완은 1579년생입니다. 이를 통해 이순신의 큰형 희신은 1566년 이전에 결혼했고, 최소한 1578년까지는 생존했음을 알 수 있습니다.

현충사 고택 내부

현충사 고택 내부에서 제사를 지내는 후손들

이순신은 셋째 아들입니다. 그러나 두 형이 일찍 세상을 떠났기 때문에 장남 노릇을 도맡아 해야 했습니다.

어머니도 당연히 그가 모셨던 것 같습니다. 이순신이 전라좌수사로 발령받자, 어머니는 전라좌수영 근처에 있는 고음천으로 이사하셨습니다. 고음천은 전라좌수영이 있던 여수에 있습니다.

아산이 본가인 어머니께서 아들의 근무지 근처에지 거처를 마련하신 것에 대해서는 두 가지 시각이 있습니다.

하나는 어머니를 극진히 생각하던 이순신이 어머니를 모셔왔다고 보는 시각이고, 다른 하나는 이순신의 어머니가 아들의 곁에 있고 싶어서 근무지 근처로 와서 사셨다는 시각입니다.

어느 쪽인지는 알 수 없습니다. 그러나 두 분이 유달리 각별하셨던 것만은 분명합니다.

이순신이 잠든 곳 : 이충무공 묘소

현충사에는 이순신의 셋째 아들 이면의 묘를 비롯하여 이순신 일가 후손들의 묘소가 있습니다. 그러나 이충무공의 묘는 현충사에 없습니다. 그렇다면 어디에 있을까요?

이순신 장군은 노량해전이 벌어진 남해 관음포에서 돌아가셨습니다. 그의 시신은 관음포 뒷산에 모셔졌다가 아산으로 옮겨집니다.

아산에서 최초로 모셔진 묘소는 두사충이라는 명나라 장수가 터를 잡았다고 합니다. 그는 이순신 장군과 매우 친했던 것 같습니다. 풍수지리에 뛰어난 실력을 가진 두사충은 전쟁 후에 명나라로 돌아가지 않고 조선으로 귀화하였습니다.

이순신의 첫 번째 묘소는 음봉면 금성산에 있었습니다. 그리고 16년 뒤에 지금의 어라산으로 이장되었습니다.

왜 옮겨졌을까요? 이와 관련해서는 이미 조선시대부터 여러 가지 설이 있었습니다. 즉 이순신 장군은 적군의 흉탄에 돌아가신 것이 아니라, 돌아가신 것으로 위장되었다는 것입니다.

이충무공묘소 진입로 입구의 신도비

봉분과 석인

이충무공묘소 전경

정조대왕 신도비(정조가 이순신의 공로를 칭송하여 세운 비)를 품고 있는 비각

탁 트이고 양지바른 곳에 좌정한 이충무공묘소

이순신 장군은 노량해전에서 돌아가신 게 아니라 무사히 귀환하여 16년 뒤에 자연사하셨고, 그때서야 비로소 묘에 묻히셨다는 주장입니다. 금성산에서 어라산으로 이장한 것은 이를 감추기 위한 연막 전술이었고요.

마지막 전투에서 살아남았다가 임금에 의해 더 큰 후환을 당할까봐, 일부러 총탄을 피하지 않음으로써 자살 아닌 자살을 택하셨다는 설도 있습니다.

이것들은 어디까지나 가설일 뿐입니다. 단 한 번도 져본 적이 없는, 아니 져본 적이 없는 정도가 아니라 최소한의 피해만 당하면서 승리해온 상승장군이 마지막 전투에서 돌아가신 것에 대한 안타까움과 애틋함이 그런 가설들을 만들어내는 것 같습니다.

이순신 장군께서 잠드신 어라산 묘소는 현충사에서 차로 10분 정도 걸립니다. 제가 본 묘소 중에 왕묘를 제외하고는 가장 규모가 컸습니다.

이곳에 서면 한 나라를 구한 위대한 인물의 기운이 느껴집니다.

해미읍성 : 이순신이 근무했던 충청 본영

해미읍성은 군인 이순신의 세 번째 부임지였습니다.

이곳은 이순신과 관련된 사연은 그리 많지 않습니다. 그러나 그 규모가 크고, 조선시대 읍성의 모습을 복원하기 위해 노력을 기울인 몇 안되는 곳 중의 하나라는 의미가 있습니다.

고려 말과 조선 초부터 잦았던 왜구의 출몰에 대비하기 위해 서산 바닷가 근처 해미면에 성을 쌓았습니다. 당시 이름은 해미내상성海美內廂城이었고 충청도병마절도사가 머물렀습니다.

이순신은 당시 충청병사의 군관으로 약 10개월간 근무했습니다. 군관은 하급 장교 또는 부관이라고 보시면 됩니다.

임진왜란과 병자호란이 모두 끝난 이후 효종 때인 1651년, 해미내상성은 행정 기능을 부여받아 해미읍성이 되었습니다. 호서지방 행정의 중심지가 된 것이죠. 그래서 복원된 성의 규모가 작지 않습니다.

이곳에 오시면 조선시대 행정 중심지의 분위기를 느낄 수 있습니다.

해미읍성 정문. 충남 서산시 해미면 남문2로 143

해미읍성의 정문인 진남문을 안에서 바라본 것. 오른쪽 페이지는 좀 더 가까이에서 찍은 사진

행정과 재판이 수행된 동헌

동헌 내부. 관리들이 회의를 하고 있다

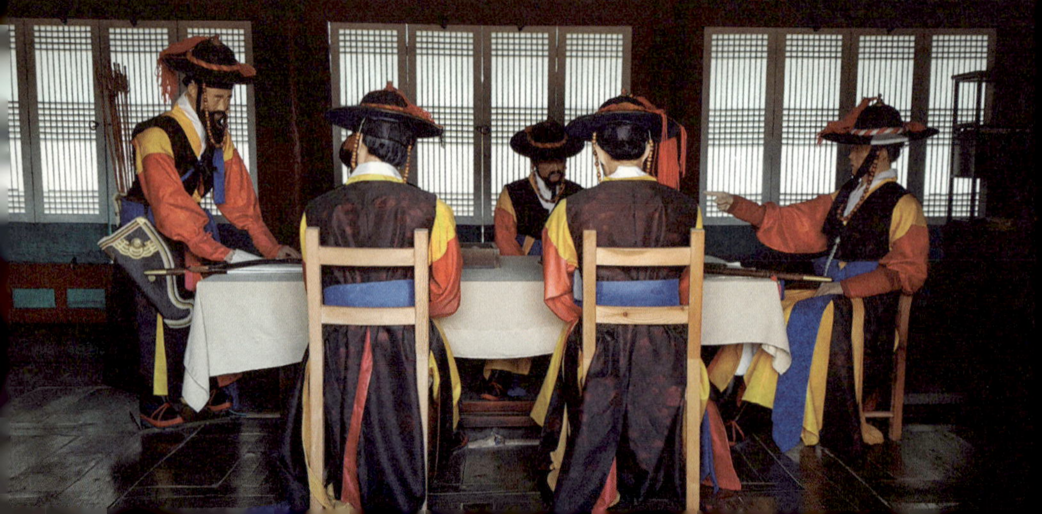

皇明
弘治
四年
辛亥
造

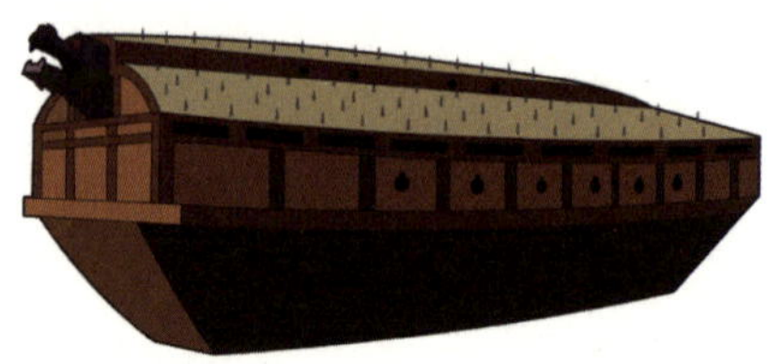

영웅의 고뇌 - 전라도 편

여수 진남관

율리우스 카이사르Gaius Julius Caesar는 젊은 시절 두각을 나타내지 못하다가, 40세가 되어서야 역사의 전면에 등장해서 20년이라는 짧은 시간 동안 서양사 500년을 정리하고 이후 500년의 질서를 만들었습니다.

그런 카이사르처럼, 이순신도 빛을 보는 시기를 오래 기다려야 했습니다.

32살에 무과에 급제한 이순신의 관직 생활은 평탄하지 않았습니다. 변방을 떠돌며 승진과 강등을 반복하며 전전긍긍해야 했습니다.

그런 이순신 장군께서 47세가 되어서야 처음으로 장군의 직위를 가지고 부임하신 곳이 바로 전라 좌수영이 있던 여수입니다.

그 때의 직위가 정3품에 해당하는 전라좌도 수군절도사였습니다. 이를 줄여서 전라좌수사라고 합니다. 그래서 지금도 여수는 이순신 장군이 역사의 전면에 등장하신 곳이라는 자부심이 대단합니다.

바다를海 바라보는望 누각樓, 망해루望海樓

망해루 뒤쪽에서 바라본 여수 앞바다

또한 "여수에서 돈자랑하지 말라."라는 말이 있듯이 물산이 풍부한 곳이기도 합니다. 2012년에는 여수 엑스포가 열리기도 했습니다.

임진왜란 당시 조선 조정은 당쟁에 골몰하여 일본의 침략에 대한 대비가 전혀 없었다고 생각하기 쉽습니다. 그러나 꼭 그렇지만은 않았습니다. 조선은 나름의 시스템을 갖춘 국가였기 때문입니다.

그래서 어느 정도는 일본의 침략이 있을지도 모른다는 위기 의식을 가지고, 만일을 대비하는 차원에서 준비를 하였습니다.

예를 들어 봉화를 정비하고 흐트러진 군비와 전쟁 대비 태세를 점검하였습니다. 그리고 중앙 정부에서는 주요지역에 역량있는 인재의 배치를 서두릅니다. 이순신은 이러한 흐름 속에서 전라좌수사로 발탁된 것입니다.

임진왜란 1년 전에 부임한 전라좌수사 이순신은 여수 바다가 내려다보이는 진해루에 지휘소를 설치했습니다. 왜란이 끝난 다음 해인 1599년, 4대 통제사 이시언이 진해루가 있던 자리에 진남관을 건립하였습니다.

그후 절도사 이도빈이 1664년에 개축하였으나, 1716년에 화재로 불타버리고 말았습니다. 그러자 당시 전라좌수사였던 이제면이 1718년에 이순신 순국 120년을 기려 다시 지었습니다.

진남관이라는 이름은 남쪽을 눌러 진압한다는 뜻입니다. 왜국의 도발을 강하게 눌러버리겠다는 의지가 칼날처럼 선연하게 느껴집니다.

이후 건물의 용도가 객사로 바뀌었습니다. 객사는 중앙이나 지방의

여수 진남관

관리들이 출장할 때 머무르는 장소입니다. 어쨌든 진남관은 현존하는 지방 관아 건물 중에서 가장 큽니다.

진남관에는 거대한 규모와 단순한 구조에서 나오는 감동이 있습니다. 이순신 장군이 활동하던 때의 건물은 아니지만 그의 영혼이 단단하고 웅장하게 자리잡고 있다는 느낌을 줍니다. 진남관 앞에서 등을 돌려 바라보면 곧바로 여수 앞바다가 보입니다.

전라좌수사 이순신은 부임하자마자 일본의 침략에 대비해 나갔습니다. 난중일기의 첫 번째 권인 임진일기를 읽다 보면, 차분하면서도 단호하게 앞날을 준비하는 이순신의 모습이 눈앞에 보이는 듯합니다.

진남관과 여수 앞바다는 이순신을 중심으로 인재가 모이고 길러지는 보금자리가 되었습니다. 이곳에서 거북선이 만들어졌고, 곧 닥칠 전란에서 목숨을 바쳐 나라와 백성을 지켜낼 수군들이 훈련을 받았습니다. 이순신의 기적적인 승리와 영광이 바로 이곳에서 태어난 것입니다.

참으로 뜻깊고 감사한 장소가 아닐 수 없습니다.

진해루鎭海樓로 나가 공무를 본 뒤에 군관들에게 활을 쏘게 했다.
아우 여필汝弼을 전별했다.

– 임진년 4월 초6일, 난중일기 중 『임진일기』

우수사 및 군관들과 함께 진해루에서 활을 쏘았다.

– 계사년 5월 초4일, 난중일기 중 『계사일기』

고소대 외부 (위) 고소대 내부 (아래)

고소대는 충무공이 군령을 내리던 곳이다. 고소대의 내부에는 통제이공수군대첩비, 타루비, 동령소갈비가 있다. 통제이공수군대첩비는 이순신의 승리를 기념하는 비석이다. 좌수영대첩비라고도 한다. 1615년에 이순신의 부하였던 유형이 보내온 최고의 돌로 만들어졌다. 이후 일제강점기였던 1942년에 일본인 경찰서장이 경복궁 뜰로 옮겨 묻어버렸는데, 해방 이후 여수 주민들이 찾아내어 현재의 위치에 복원하였다. 타루비는 충무공의 죽음을 슬퍼하며 세운 비석이다. 비석을 바라보면 눈물을 흘리게 된다는 중국 고사故事에서 비롯된 이름이다. 동령소갈비에는 통제이공수군대첩비의 건립 경위가 기록되어 있다.

사진 및 자료 제공 : 여수시청 문화예술과 서혜은 주무관

우수사 이억기와 함께 아침밥을 먹고 진해루로 자리를 옮겨 공무를 본 뒤에 배에 올랐다.

– 계사년 5월 초7일, 난중일기 중 『계사일기』

거북선을 만들던 곳 : 선소 유적지

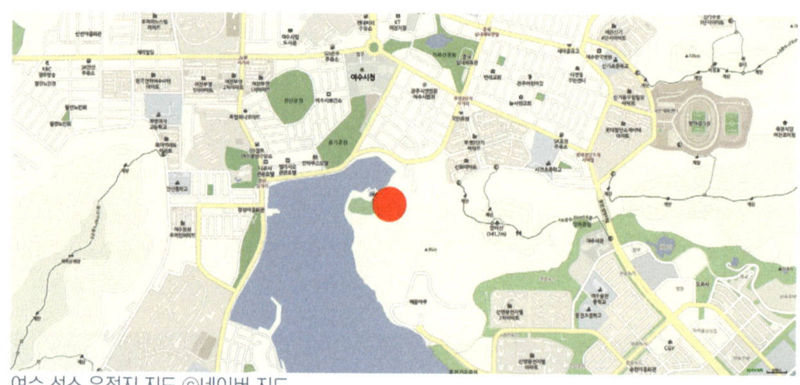

여수 선소 유적지 지도 ©네이버 지도

위 그림은 선소 유적지 지도입니다. 내륙으로 움푹 들어가 있어서 배를 만들기에 적당해 보이지요?

여수 선소는 배를 만들고 수리하는 '굴강掘江', 글자 그대로 칼을 씻는

다는 뜻의 '세검정洗劍亭', 그리고 칼과 창을 만들던 대장간이 대표적인 유적지입니다.

서울에도 세검정이 있습니다. 인조반정을 주도했던 이귀, 김유 등이 광해군 폐위를 결의하고 칼을 씻었던 곳이지요. 이를 기념하기 위해 영조 때 정자를 짓고 그 이름을 세검정이라 하였습니다. 주소는 서울시 종로구 세검정로 244입니다.

선소는 거북선을 만들고 수선하던 곳입니다. 그런데 이 선소 유적지를 보면 과연 거북선이 여기서 만들어졌을까 싶을 정도로 자그마합니다.

거북선의 실제 크기는 과연 어느 정도였을까요?

거북선의 선체에서 후미를 뺀 길이는 약 28미터 이하였습니다. 꼬리에 해당하는 후미를 포함하면 36미터였습니다. 폭은 약 7미터로 추정됩니다.

크기가 감이 안 오시면 농구 코트를 생각하시면 됩니다. 농구장 표준 규격이 길이 28미터에 폭이 14미터니까, 거북선의 크기는 농구 코트의 절반 정도인 셈입니다.

그렇다면 거북선에는 몇 명이나 들어갔을까요?

농구장 반 정도 크기의 배를 상상해 봅시다. 그 배의 가장 밑바닥에는 50여 명의 격군노를 젓는 수군들이 있습니다. 그 윗층에는 활을 쏘는 사수,

선소 유적지 전경

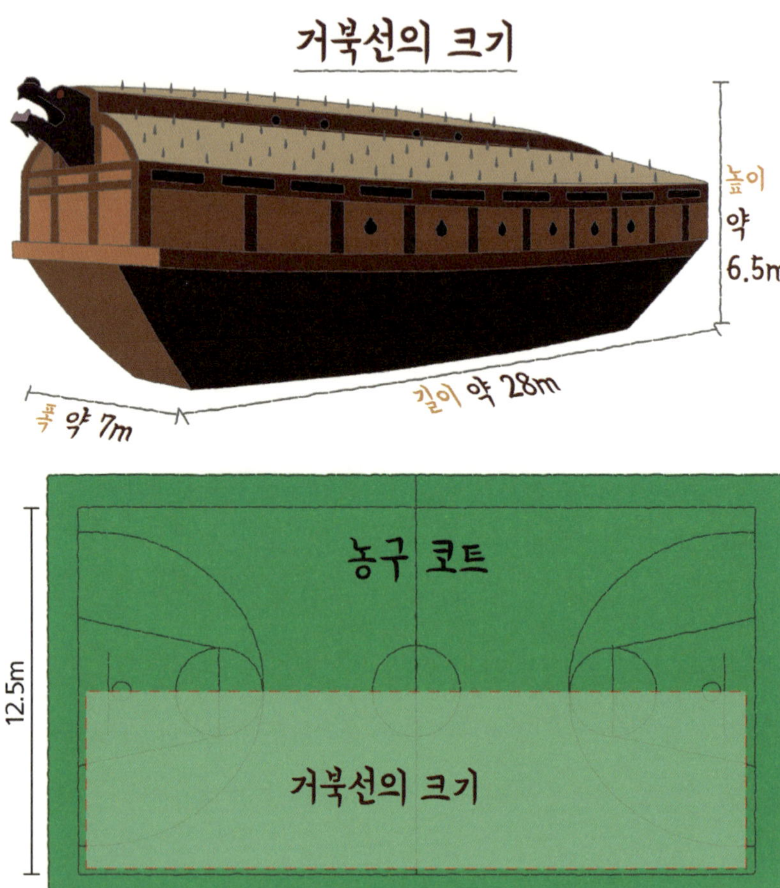

각종 총통을 다루는 포수, 신호수, 지휘관 등이 타고 있습니다. 이들을 모두 합치면 약 150명이 됩니다.

거북선의 크기가 농구 코트 절반이라고 말씀드렸는데, 150명이나 되는 사람들이 어떻게 그 좁은 공간에 다 들어갈 수 있었을까요?

그 해답은 거북선이 2층 혹은 3층 구조였다는 데 있습니다. 그리고 당시 사람들은 현대인들보다 키가 작았습니다.

현재 북한 남성과 대한민국 남성의 평균 키가 10cm 이상 차이난다고 합니다. 조선시대 남성들은 그런 북한 남성들보다도 더 작았습니다.

거북선 복원에 대한 소견

거북선 복원에 관해서는 여러 가지 주장이 있지만, 어리석은 제 의견을 더하면 다음과 같습니다.

거북선은 목선木船, 즉 나무로 만든 배입니다. 거북선 지붕에 왜군들이 배에 올라타지 못하도록 쇠못이나 창칼을 꽂아 두었습니다. 그러나 거북선의 선체나 지붕을 철판으로 만든 것은 아닙니다.

나무는 세월이 지나면 썩습니다. 전투 중에 불에 타서 잔해조차 남지 않는 경우도 흔했습니다. 따라서 지금 우리가 참고할 수 있는 자료는 그림이나 문서 자료뿐입니다.

그런데 태종 이후에 만들어진 거북선은 시대나 상황, 또는 지역에 따라 모양이나 성능이 조금씩 달랐습니다. 그러므로 임진왜란 때의 거북선을 사진을 찍듯이 완벽히 재현하는 것은 불가능합니다.

거북선을 건조하던 곳, 굴강

물론 최대한 실물에 가깝게 복원할 수는 있습니다. 그런데 실물에 가깝다고 하면 보통 겉모습만을 생각합니다. 저는 그것만으로는 부족하다고 봅니다. 복원된 거북선은 당시의 기록대로 실제로 작동해야 하지 않을까요?

실제로 작동되는 거북선이 하루 빨리 복원되기를 기원합니다.

이순신 어머니 사시던 곳

이곳은 '이순신 자당 기거지'에서 '이순신 어머니 사시던 곳'으로 공식 명칭이 바뀌었습니다. 저는 바뀐 이름이 더 좋은 것 같습니다.

새벽에 아우 여필과 조카 봉, 맏아들 회가 와서 이야기했다. 다만 어머니를 떠나 남쪽에서 두번이나 설을 쇠니 간절한 회한을 가눌 수 없다.

– 임진년 1월 초1일, 난중일기 중 『임진일기』

맑음. 아침에 조이립을 전별하고 객사 대청에 나가 공무를 본 뒤, 서문의 해자 구덩이와 성벽을 더 올려 쌓는 곳을 순시했다. 승군들이 돌 줍는 일을 성실히 하지 않아 우두머리 승려에게 곤장을 쳤다. 아산에 문안 갔던 나장羅將이 들어왔다. 어머니께서 편안하시다는 소식을 들으니 매우 다행이다.

– 임진년 3월 초4일, 난중일기 중 『임진일기』

이순신이 전라좌수사로 발령받아 여수로 왔을 때, 그의 어머니는 아직 아산에 계셨습니다.

난중일기 첫권의 첫날임진일기 정월 초하루, 첫 번째 기록이 어머니에 대한 안부였습니다. 어머니에 대한 이순신의 효심이 이 정도였습니다.

임진왜란이 발발한 1592년에 어머니는 아산에 계셨습니다. 그래서 난중일기의 초반에는 심부름꾼을 통해서 아산에 계신 어머니의 안부를 주고받는 장면이 자주 등장합니다.

임진왜란 때는 전라도와 평안도 일부를 제외한 조선 전체가 전란에 휩싸였습니다. 그러자 어머니는 이순신 장군이 있던 여수로 내려오셨습니다. 그것이 어머니의 의지인지 이순신 장군의 의지인지는 알 수 없습니다.

어쨌든 난중일기를 보면 임진년인 1592년, 그리고 이듬해인 계사년 1593년까지도 어머니가 아산에 계셨음을 알 수 있습니다. 아마도 1593년 겨울에 여수 고음천으로 내려오신 것 같습니다.

유교는 효孝를 매우 중시합니다. 그런데 많은 분들이 유교의 효를 가족 중심의 이기적인 사랑으로 오해하시는 것 같습니다.

이순신 어머니 사시던 곳의 안채

공자가 말한 효는 인간의 자연스러운 감정이었습니다. 단, 그런 개인적인 감정에서 그친 것은 아닙니다. 부모 자식 간의 자연스러운 사랑의 감정이 사회로 확충되기를 원했던 것입니다. 단지 이기적인 사랑일 뿐이라면 공자께서 굳이 강조하지 않으셨겠지요.

공자가 바랐던 것은 개인적인 효심이 사회적인 배려와 예절로 확대되는 것이었습니다. 그러나 시간이 지나면서 그의 가르침은 권위적이고 위선적인 억압으로 변질되기도 했습니다.

하지만 이순신은 달랐습니다. 그의 애틋한 효심과 가족애愛는 백성들과 부하에 대한 애정으로 확장되었습니다. 난중일기나 이충무공전서에는 하루살이 같은 백성들의 삶을 걱정하는 이순신, 그런 백성들을 괴롭히는 관리들을 단호하게 처벌하는 이순신의 모습들로 가득합니다. 그러한 그의 사랑은 군주와 국가를 향한 충성심으로 이어졌습니다.

여자를 만났습니까? 누군가의 어머니이고 누군가의 딸일 것입니다.

남자를 만났습니까? 누군가의 아버지이고 누군가의 아들일 것입니다.

이순신 어머니 사시던 곳

여수의 "이순신 어머니 사시던 곳"에 있는 이순신과 어머니 인형

어머니를 모시고 같이 한 살을 더하게 되니, 이는 난리 중에서도 다행한 일이다. 늦게 군사 훈련과 전쟁 준비 일로 본영으로 돌아오는데, 비가 그치지 않았다. 신愼사과司果, 오위五衛의 정6품에게 문안하였다.

- 갑오년 1월 1일, 난중일기 중 『갑오일기』

아침에 어머님을 뵈려고 배를 타고 바람을 따라 바로 고음천古音川에 도착하였다. 남의길과 윤사행이 조카 분과 함께 갔다. 어머니께 가서 배알하려 하니 어머니는 아직 잠에서 깨지 않으셨다. 큰 소리를 내니 놀라 깨어서 일어나셨다. 숨을 가쁘게 쉬시어 해가 서산에 이른 듯하니 오직 감춰진 눈물이 흘러내릴 뿐이다. 그러나 말씀하시는 데는 착오가 없으셨다. 적을 토벌하는 일이 급하여 오래 머물 수가 없었다.

- 갑오년 1월 11일, 난중일기 중 『갑오일기』

명량해전 유적지 : 울돌목과 진도대교

맑았으나 북풍이 크게 불었다. 임준영任俊英이 육지를 정탐하고 달려와서 말하기를, "적선 55척이 벌써 어란 앞바다에 들어왔다."고 하였다.

– 정유년 9월 14일, 난중일기 중 『정유일기』 명량해전 이틀 전

아침에 망군望軍이 와서 보고하기를, "적선이 무려 2백여 척이 명량鳴梁을 거쳐 곧장 진치고 있는 곳양도 부근으로 향해 온다."고 했다. 여러 장수들을 불러 거듭 약속할 것을 밝히고 닻을 올리고 바다로 나가니, 적선 133척이 우리의 배를 에워쌌다.

– 정유년 9월 16일, 난중일기 중 『정유일기』 명량해전 당일

여오을도汝吾乙島, 신안 지도읍 어의도於外島에 이르니, 피난민들이 무수히 와서 정박하고 있었다. 임치 첨사홍견는 배에 배에 격군이 없어서 나오지 못한다고 했다.

– 정유년 9월 17일, 난중일기 중 『정유일기』 명량해전 다음 날

당시 조선의 궁궐과 종묘사직은 모두 육지에 있었습니다. 그밖에 주요 시설들도 대부분 육지에 있었지요.

그런데도 이순신의 해전이 중요했던 이유는 무엇일까요?

전쟁에서 가장 중요한 요소는 자원입니다. 공격 측과 수비 측이 같은 자원을 가지고 있을 경우엔 공격하는 측이 이기기 어렵습니다.

명량 바다를 바라보며 생각에 잠긴 이순신 동상

임진왜란 당시에 왜군에게 칼이 없었다면, 갑옷이나 대포나 조총이 없었다면, 조선군이 아무리 허술해도 절대 이기지 못했을 것입니다. 무기보다 군량이 더 중요합니다. 아무리 강력한 무기가 있어도 군량이 없으면 무용지물이기 때문입니다.

이런 모든 자원들은 전방 부대로 수송되어야 합니다. 전쟁터에서는 거의 모든 자원들이 황폐화되니까요.

그런데 우리나라는 국토의 약 70%가 산지입니다. 길도 제대로 없던 시절에 험준한 산골과 깊은 강을 가로질러 자원을 수송하는 것은 엄청난 고역이 아닐 수 없었습니다. 고생은 둘째치고 너무 비효율적이었습니다. 배에 실어서 바다로 운송하는 것과는 비교할 수조차 없었습니다.

100가마의 쌀을 육로로 수송한다고 가정해봅시다. 수십 마리의 말과 소와 병사들이 수십 일 동안 먹을 식량을 생각하면 배보다 배꼽이 더 커질 판입니다. 게다가 속도는 또 얼마나 느린지!

100가마의 쌀을 배에 실어 옮기면 어떨까요? 한결 수월하겠지요?

이순신 해전의 중요성은 여기에 있습니다. 임진왜란 초기에 승리를

해남 우수영 관광지 입구

해남 우수영 관광지

거듭하던 왜군은 조선군이 아니라 물자의 부족 때문에 발이 묶이기 시작했습니다. 이순신의 수군이 바다를 틀어막고 있어서 본국으로부터 자원을 공급받지 못하게 된 것입니다. 자연스레 진격 속도가 느려졌고, 작전에 차질이 생겼습니다.

더 중요한 의미는 호남을 지켜냈다는 데 있습니다. 한반도의 곡창 지대인 전라도 땅을 지켜냈기에, 이를 바탕으로 조선이 반격과 재건을 준비할 수 있었으니까요.

정유년에 일본의 대군이 다시 쳐들어왔습니다. 정유재란입니다. 왜군은 이순신이 억울하게 의금부에 잡혀 들어간 틈을 타서 조선 수군을 궤멸시켰습니다. 그리고는 전라도를 향해 물밀 듯이 쏟아져 들어왔습니다.

자원을 가장 효율적으로 운반할 수 있는 바닷길을 확보한 것입니다. 왜군이 남해안을 접수한 기세를 몰아서 서해안까지 확보한다면, 뱃길을 통해서 조선의 수도 한양까지 곧장 수송과 보급을 할 수 있었습니다.

왜군이 서해안마저 확보하기 위해 돌려고 했던 모퉁이에 전라우수영이 있었습니다. 그곳에서 이순신은 전설적인 승리를 거둡니다. 여러분이 잘 아시는 명량해전입니다.

명량鳴梁은 순우리말로 울돌목입니다. 울부짖는 바다라는 뜻입니다. 전라도 해남군 문내면 학동리와 진도군 군내면 녹진리 사이에 있는 좁은 바다를 부르는 말입니다.

울돌목에서는 바닷물이 아주 거칠고 빠르게 흐릅니다. 단순히 빠르기만 한 게 아닙니다. 물살끼리 서로 부딪혀서 어지러운 와류渦流, 즉 소용돌이를 만들어 냅니다. 이 소리가 20리 밖에서도 들린다고 합니다.

명량해전은 그런 바다에서 벌어졌습니다. 그래서 명량해전을 기념하는 유적들은 해남과 진도 양쪽에 있습니다.

명량대첩의 특징

이순신의 위대한 점 중에 하나는 최소한의 희생으로 최대의 성과를 거두었다는 데 있습니다. 당연히 모든 군사 지휘관들이 이것을 위해 노력합니다. 그러나 실제로 이것을 달성한 지휘관은 세계사적으로도 많지 않습니다.

이순신이 아군의 희생을 최소화할 수 있었던 비결은 무엇일까요?

전체 병력은 적더라도 실제 전투 상황에서 아군의 숫자를 적군보다 월등하게 만들었기 때문입니다. 이것이 가능했던 이유는 이순신이 정보의 중요성을 누구보다 잘 알고 활용했기 때문입니다.

예를 들어 왜 함선이 총 700척이고, 우리 함선은 총 150척이라고 합시다. 전체 함선 수는 우리가 적습니다. 그러나 이순신은 전라좌수영에 남겨둔 일부를 제외한 전부를 끌고 다니면서 왜 함대를 공격했습니다. 전투가 시작되면 적보다 훨씬 많은 전함으로 적선을 각개격파한 것입니다.

5척 대 5척으로 싸운다면 서로 치고 받고 하느라 승리한 쪽에도 피해가 발생합니다. 그러나 5척대 50척이 싸울 경우, 그것도 근접전이 아니라 원거리 함포전으로 싸울 경우에는 화포가 없거나 부실한 왜선들은 속수무책으로 당할 수밖에 없습니다.

당연히 이순신은 이 모든 상황을 생각하고 전투에 임했습니다. 싸우기 전에 이미 이겨 놓고 싸운 셈입니다. 그런데 이순신이 이러한 전략을 사용하지 못한 경우가 두 번 있었습니다. 그중 하나가 바로 명량해전입니다.

남해안 일대를 돌며 적선들을 찾아내서 침몰시키던 임진왜란 초기와 달리, 명량해전 당시에는 일본군도 이순신 해전의 특성을 어느 정도 파악하고 있던 것 같습니다.

진도대교 북단의 하나로휴게소 쪽에서 바라본 명량

명량해전 당시에는 조선 수군의 전력을 모두 합쳐도 일본의 일개 함대보다 못할 정도로 우리 수군이 빈약했습니다. 오죽했으면 이순신이 임금에게 '신에게는 아직 열두 척이 있습니다.'라고 읍소해야 했을까요?

그런 이유로 명량 해전은 원거리 함포전이 아니라 근접전의 형태로 전개되었습니다. 사실 이것은 조선 수군이 극구 피해야 할 전술이었지만 이때만큼은 어쩔 수가 없었습니다. 말 그대로 죽느냐 사느냐의 갈림길이었기에, 죽고자 하면 산다는 생각으로 싸울 수밖에 없었으니까요.

이때만큼은 "죽고자 하면 살고, 살고자 하면 죽을 것이다."라는 말이 구호가 아닌 실제 전술이었던 셈입니다.

처음에 이 구절을 봤을 때, 저는 이것이 단순한 구호나 정신적인 충고라고 여겼습니다. 그러나 명량 당일의 모습을 상상하고 또 상상하다가, 문득 이것이 단지 추상적인 구호가 아니었다는 사실을 깨달았습니다.

조수潮水를 타고 여러 장수들을 거느리고 진을 우수영 앞바다로 옮겼다. 그것은 벽파정 뒤에 명량鳴梁이 있는데 수가 적은 수군으로써 명량을 등지고 진을 칠 수 없기 때문이다. 여러 장수들을 불러모아 약속하면서 이르되, "병법에 '반드시 죽고자 하면 살고 살려고만 하면 죽는다필사즉생必死則生 필생즉사必生則死'라고 했으며, 또 '한 사람이 길목을 지키면 천 사람이라도 두렵게 한다'고 했음은 지금 우리를 두고 한 말이다. 너희 여러 장수들이 살려는 생각은 하지 마라. 조금이라도 명령을 어기면 군법으로 다스릴 것이다. 조금이라도 너그럽게는 용서하지 않을 것이다."라고 재삼 엄중히 약속했다. 이날 밤 신인神人이 꿈에 나타나, "이렇게 하면 크게 이기고, 이렇게 하면 지게 된다."라고 일러 주었다.

– 정유년 9월 15일, 난중일기 중 『정유일기』 명량해전 하루 전

명량 너머로 바라본 진도의 이순신 동상

위의 일기를 보면 필사즉생 필생즉사라고 하면서, 한 사람이 길목을 잘 지키면 천 사람이라도 두렵게 한다고 말씀하셨습니다.

죽고자 한다는 것은 두려움에 정면으로 맞선다는 뜻입니다. 살고자 한다는 것은 두려움을 피해 달아난다는 뜻이고요. 정면 승부를 피할 수 없는 상황에서 내쪽이 확실히 약하다면, 최선의 방책은 상대방의 강점을 무력화無力化시키는 것입니다. 그렇다면 어떻게 해야 할까요?

액션 영화나 무협 영화를 보면 주인공이 다수의 적을 상대할 때, 벽을 등지고 싸우거나 좁은 곳에서 싸우는 경우가 많습니다. 공격받는 방향을 네 방향에서 두세 방향으로 줄이고, 한 번에 공격받는 횟수도 줄이기 위해서이지요. 주인공이 계속해서 달리면서 싸우는 경우도 있습니다. 이것도 같은 이유입니다. 포위되지 않기 위해서이기도 합니다.

명량은 아주 좁은 바닷길입니다. 이순신은 그 좁은 길목을 이용했습니다. 액션 영화의 주인공이 벽을 등지고 싸우는 것과 같은 이치입니다.

삼국지를 보면 장비가 조조의 십만 대군을 장판교에서 막아내는 장면이 나옵니다. 이것도 같은 원리입니다. 울돌목은 장판교이고, 이순신의

진도대교 아래를 흐르는 명량의 격류

열세 척 함대는 장비가 되는 것입니다. 이순신이 선조 임금에게 장계를 올렸을 때는 12척이었나, 이후 만들어진 1척이 추가로 참전하였음.

만약 이순신이 죽기를 각오하고 길목을 막지 않았다면, 적군은 탁 트인 바다로 쏟아져 나왔을 것입니다. 만약 그랬다면 제아무리 이순신이라고 해도 그렇게 극적인 승리를 거둘 수는 없었겠지요.

명량해전은 좁은 길목에서 벌어진 치열한 난타전이었습니다. 왜적들은 우리 함선에 끊임없이 달라붙어 기어오르고, 우리 수군들은 창으로 찌르고 활로 쏘고 칼로 찍으며 떨어뜨렸을 것입니다. 여기저기서 조총과 화살이 교차하고 함성과 비명이 난무하는, 그야말로 무간지옥無間地獄과 같은 풍경이었을 것입니다.

그 사투 속에서 승기를 잡은 쪽은 훨씬 열세였던 조선 수군이었습니다. 왜군들은 물러서지도 않고 함락되지도 않는 우리 배와 군사들에게 놀라 사기가 꺾여갔을 것입니다. 일본 배들은 크고 단단한 우리 배에 부딪혀

깨지고, 강력한 함포에 맞아서 부서졌습니다. 조선 수군의 용맹함과 독기 앞에서 두려움과 좌절을 느꼈을지도 모릅니다.

그러던 그때, 왜군 선봉대장 마다시의 목이 조선 수군 대장선의 돛대 위에 높이 매달렸습니다. 그것을 본 왜적들은 패배를 인정하고 도망칠 생각밖에 할 수 없었을 것입니다.

이순신의 난중일기에는 적선이 133척이라고 되어 있습니다. 숫자에 민감하고 정확한 것을 좋아하던 이순신 장군께서 직접 그렇게 적었으니 과장된 숫자는 아닐 것입니다.

어떻게 우리 배 13척이 133척을 이길 수 있었을까요?

곰곰이 생각해봅시다. 한 척의 배에 130척이 달라붙을 수는 없습니다. 물리적인 공간의 한계 때문이지요. 아무리 많이 달라붙어도 한 열 척, 아니면 열두어 척이나 될까요? 게다가 명량은 물살이 너무 강해서 배를 제어하기 어려운 곳입니다. 그러므로 실제로 조선 함선 한 척에 붙을 수

해남 우수영 관광지에서 바라본 명량

있는 왜선은 두세 척이 고작이었을 겁니다.

10대 1은 몰라도 2대 1이나 3대 1은 해볼만 할 겁니다. 그런 상황에서 우리편의 대장선과 부장선까지 합세하면 어떻게 될까요? 아마 우리 배 세 척을 둘러싼 적 함선은 다섯 척? 아니면 일곱 척이나 될까요? 나머지 배들은 멀리서 포위할 수는 있어도 바로 옆으로 붙을 수는 없었을 겁니다.

좁은 골목에서 한 명이 백 명과 싸운다고 생각해 봅시다. 백 명 중에서 맨 앞의 서너 명만이 실제로 싸울 수 있습니다. 나머지 97명은 좁은 골목 뒤쪽에서 그저 지켜볼 수밖에 없을 것입니다.

그런 식으로 서른 척 이상의 왜선이 부서졌습니다. 그러자 나머지 왜군들은 승리가 불가능하다고 판단하고 도망치기 시작했습니다.

명량해전은 수백 발의 조총과 총통이 내는 폭발음, 백병전의 처절한 비명 소리, 그리고 야차와 같은 함성이 귀를 때리는 지옥과도 같은 싸움이었을 것입니다.

조금 길지만 이 날의 난중일기 전체를 아래에 옮겨봅니다.

맑음. 이른 아침에 별망군別望軍이 와서 보고하기를, "적선들이 헤아릴 수 없을 정도로 많이 명량鳴梁을 거쳐 곧바로 진을 친 곳우수영을 향해 온다."고 했다. 곧바로 여러 배에 명령하여 닻을 올리고 바다로 나가게 하니, 적선 130여 척이 우리의 여러 배들을 에워쌌다. 여러 장수들은 스스로 적은 군사로 많은 적을 대하는 형세임을 알고 회피할 꾀만 내고 있었다. 우수사 김억추金億秋가 탄 배는 이미 2마장馬場 밖에 있었다.

나는 노를 재촉해서 앞으로 돌진하여 지자地字, 현자玄字 등의 각종 총통을 이리저리 쏘니, 탄환이 나가는 것이 바람과 우레 같았다. 군관들은 배 위에 빽빽이 들어서서 빗발처럼 난사하니, 적의 무리가 저항하지 못하고 나왔다 물러갔다 했다. 그러나 적에게 몇 겹으로 포위되어 형세가 장차 어찌될 지 헤아릴 수 없으니, 온 배안에 있는 사람들은 서로 돌아보며 얼굴빛이 질려 있었다. 나는 부드럽게 타이르기를, "적선이 비록 많아도 우리 배를 바로 침범하기가 어려울 것이니 조금도 마음 흔들리지 말고 더욱 심력을 다해서 적을 쏘라."고 하였다.

여러 장수들의 배를 돌아보니 먼 바다로 물러가 있고, 배를 돌려 군령을

내리려 하니 여러 적들이 물러간 것을 이용해 공격할 것 같아서 나가지도 물러나지도 못하는 상황이었다. 호각을 불게 하고 중군에게 명령하는 깃발을 세우고 초요기招搖旗를 세웠더니, 중군장中軍將 미조항 첨사 김응함金應緘의 배가 차차로 내 배에 가까이 왔는데, 거제현령 안위安衛의 배가 먼저 도착했다.

나는 배 위에 서서 직접 안위를 부르며 말하기를, "안위야, 군법에 죽고 싶으냐? 안위야, 군법에 죽고 싶으냐? 도망간들 어디 가서 살 것 같으냐?"라고 말하였다. 그러자 안위가 황급히 적선 속으로 돌진하여 들어갔다. 또 김응함을 불러서 말하기를, "너는 중군장이 되어서 멀리 피하고 대장을 구하지 않으니, 그 죄를 어찌 피할 것이냐? 당장 처형하고 싶지만 우선 공功을 세우게 해주겠다."라고 하였다.

두 배가 먼저 교전하고 있을 때 적장이 탄 배가 그 휘하麾下의 배 2척에 지령하니, 일시에 안위의 배에 개미처럼 달라붙어서 기어가며 다투어 올라

갔다. 이에 안위와 그 배에 탄 군사들이 각기 죽을 힘을 다해서 또는 능장稜杖,몽둥이을 잡고 혹은 긴 창을 잡고 혹은 수마석水磨石,반들거리는 돌 덩어리를 무수히 난격하였다. 배 위의 군사들이 거의 힘이 다하자, 내 배가 뱃머리를 돌려 곧장 쳐들어가서 빗발치듯 난사하였다. 적선 3척이 거의 뒤집혔을 때 녹도 만호 송여종과 평산포 대장代將 정응두丁應斗의 배가 잇달아 와서 협력하여 사살하니 왜적이 한 놈도 살아남지 못했다.

항복한 왜인 준사俊沙는 안골에 있는 적진에서 투항해온 자인데, 내 배 위에 있다가 바다를 굽어보며 말하기를, "무늬 놓은 붉은 비단옷 입은 자가 바로 안골진에 있던 적장 마다시馬多時입니다."라고 말했다. 나는 무상無上 김돌손金乭孫을 시켜 갈구리로 낚아 뱃머리에 올리게 하니, 준사가 날뛰면서 "이 자가 마다시입니다."라고 말하였다. 그래서 바로 시체를 토막을 내게 하니, 적의 기세가 크게 꺾였다.

아군의 여러 배들은 적들이 침범하지 못할 것을 알고 일시에 북을 치고 함성을 지르며 일제히 나아가 각기 지자와 현자 총통을 발사하니 소리가 산천을 진동하였고, 화살을 빗발처럼 쏘아 적선 31척을 격파하자 적선들은 후퇴하여서 다시는 가까이 오지 못했다.

우리의 수군이 싸움하던 바다에 정박하기를 원했지만 물살이 매우 험하고 바람도 역풍으로 불며 형세 또한 외롭고 위태로워 당사도唐笥島로 옮겨 정박하고 밤을 지냈다.

이번 일은 참으로 천행이었다.

– 정유년 9월 16일, 난중일기 중 『정유일기』 명량해전 당일

왜군이 경상도의 오른쪽 바다라 할 수 있는 칠천량에서 원균이 이끄는 조선 수군을 궤멸시킨 날이 1597년 7월 16일입니다. 기세등등해진 왜군이 서쪽으로 진격하여 오다가 명량에서 이순신이 이끄는 열세 척 판옥선을 만났습니다. 그 결과는 전쟁의 판도를 결정짓는 치명적인 패배였습니다.

이때가 칠천량해전으로부터 약 두 달 뒤인 9월 16일입니다. 이날 이순신이 지휘한 열두 척의 배는 경상우수사 배설이 빼돌린 배들이었습니다. 칠천량에서 조선 수군이 전멸되던 바로 그때, 혼자 살겠다고 도망친 배설이 지휘하던 배들이었던 것입니다.

이순신은 바로 이 배로 기세 등등하던 왜군에게 충격적인 패배를 안겨주었습니다. 그 어떤 영화나 드라마가 이렇게 극적일 수 있을까요?

그러나 이순신도 그날의 일기의 제일 마지막에 다음과 같이 쓸 수밖에 없었습니다.

이번 일은 참으로 천행이었다.

此實天幸

윙윙 소리를 내며 진도대교 아래를 지나는 울돌목의 물결은 오늘도 사납습니다.

조선 수군이 다시 태어난 곳 : 목포 고하도

이순신의 탁월한 점은 지속적이고 안정적으로 승리해 나갔다는 데에 있습니다. 한 마디로 그의 승리는 우연이 아니었습니다.

거칠 것 없이 몰려들어오던 왜군에게 크게 한 방 먹인 이순신은, 곧바로 서해안 쪽으로 올라가서 목포 고하도당시 보화도에 진을 쳤습니다. 그리고 본격적인 수군 재정비가 시작되었습니다. 조선 수군은 이곳 고하도에서 예전의 강력한 모습을 빠르게 되찾아 갔습니다.

사경四更에 첫 나팔을 불고 배를 출발하여 목포로 향하는데, 이미 비와 우박이 섞여 내리고 동풍이 약간 불었다. 목포에 갔다가 보화도寶花島, 목포 고하 고하도로 옮겨 정박하니, 서북풍을 막을 것 같고 배를 감추기에 매우 적합했다. 그래서 육지에 올라 섬 안을 돌아보니, 형세를 이룬 곳이 매우 많으므로 진을 치고 집 지을 계획을 세우고자 했다.

– 정유년 10월 29일, 난중일기 중 『정유일기』

모충각으로 통하는 문, 모충문

이후 이순신은 이곳 목포 고하도에서 이듬해 2월 17일까지 석 달 열흘 동안 머물렀습니다. 그동안 조선 수군의 군량미가 확충되었으며, 전선이 정비되고 병력이 증강되었습니다.

현재 목포 고하도에는 이순신 장군을 기려 세운 모충각이 있습니다.

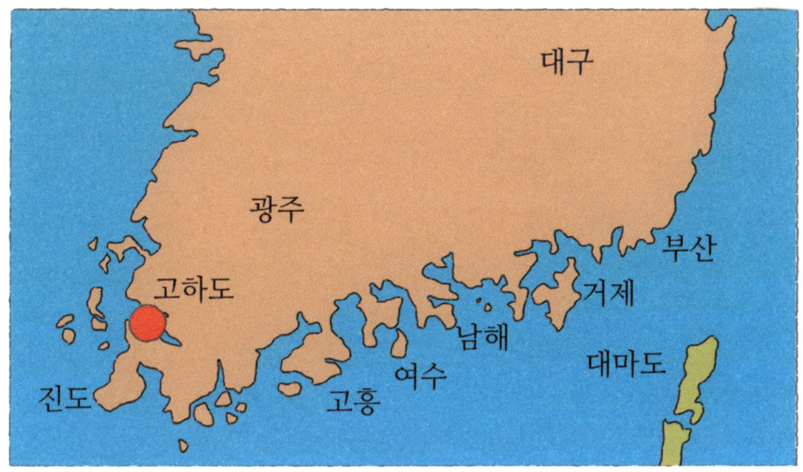

목포 고하도

모충각

유달산 노적봉 儒達山 露積峰

목포 유달산의 끝자락에 큰 바위로만 이루어진 봉우리가 하나 있습니다. 높이가 60미터이니, 20층짜리 건물 만한 크기입니다.

그 봉우리의 이름은 노적봉입니다.

노적봉은 이슬 로露에 쌓을 적積자를 씁니다. 이슬이 쌓인 봉우리라는 뜻이 아니라 이슬이 생기는 바깥에 쌓는 봉우리라는 뜻입니다. 창고나 집안이 아니라 집밖이나 창고 바깥에 쌓아둔다는 의미입니다.

명량에서 승리했지만 조선 수군은 아직도 빈약했습니다. 칠천량에서

완전히 궤멸된지 불과 두세 달밖에 되지 않았기 때문이지요. 군대라고 부르기조차 민망할 정도로 열악한 상황이었습니다. 6년 동안이나 이어진 전쟁으로 국토도 황폐해져 있었습니다.

이순신은 볏짚 등으로 이 봉우리를 덮게 했습니다. 멀리서 보면 마치 쌀 가마니를 잔뜩 쌓아올린 것처럼 보이게 하기 위해서였습니다. 그때부터 이 봉우리의 이름이 노적봉이 되었다고 합니다.

왜군들이 노적봉을 보고 정말로 거대한 쌀무더기라고 생각했을까요? 그것은 알 수 없습니다. 혹시 그렇게 생각했다면, 왜군들은 이렇게 생각할 수밖에 없었을 것입니다. 조선의 물질적인 사정이 매우 풍부하다, 그리고 저 많은 군량을 먹을 만큼 군세도 크다, 라고 말이죠.

전쟁에서 군량과 보급의 중요성은 아무리 강조해도 지나치지 않습니다. 삼국지를 보면 조조의 특공대가 원소의 군량을 모두 불태워 버리는 장면이 나옵니다. 이로 인해 전쟁 전체의 국면이 결정되어 버린 것은 너무나도 유명한 이야기입니다.

왜군은 어땠을까요? 그 많은 군량(?)을 불태워 버릴 용기조차 못 내고 사기가 꺾여 버렸을까요? 아쉽게도 그런 기록은 아직 보지 못했습니다. 어쨌든 명량해전 이후에도 이순신과 조선 수군은 불패의 신화를 계속해서 써내려 갔습니다.

앞에서 말씀드린 대로 노적봉은 유달산의 끝자락에 있습니다. 일제 강점기에 우리 민족의 정기를 끊기 위해 유달산과 노적봉 사이에 길을 냈다는 이야기도 전해지고 있답니다.

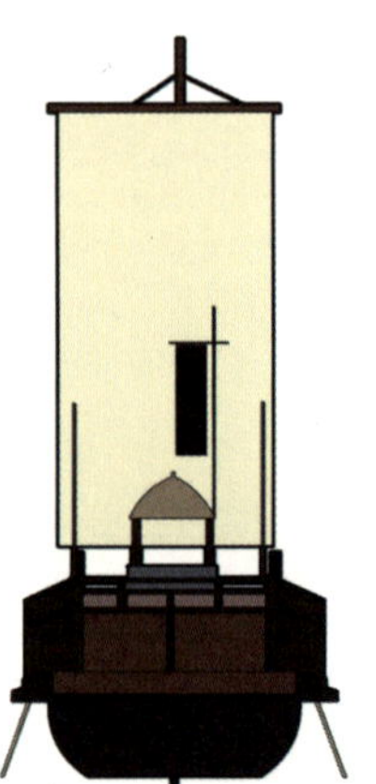

영웅의 부활 - 경상도 편

통영 충렬사 統營 忠烈祠

익숙한 단어 몇 개를 떠올려 봅니다. 통영, 충무, 그리고 충무 김밥.

모두가 임진왜란, 또는 충무공 이순신과 연결된 단어들입니다. 400여 년 전에 만들어진 단어들이 지금까지 계속 사용되고 있다니, 새삼스레 신기하게 느껴집니다.

현종 임금의 사액 현판

통영이라는 지명은 "삼도수군 통제영"에서 온 말입니다. 원래 이름은 "가배량수"였는데 통제영이 세워진 후부터 통영이라 불리게 되었습니다.

삼도수군 통제영三道水軍統制營은 이순신 장군 이전에는 존재하지 않았습니다. 이순신 장군이 초대제1대 삼도수군 통제사였으니까요.

삼도三島는 충청도, 경상도, 전라도를 뜻하고, 삼도 수군은 충청 수영, 전라 좌수영, 전라 우수영, 경상 좌수영, 경상 우수영을 뜻합니다.

전라도와 경상도에는 각각 우수영과 좌수영이 있었습니다. 충청도에는 충청 수영 하나만 있었지요.

각 수영의 소재지는 아래의 지도와 같았습니다.

임진왜란 전까지는 삼도의 수군이 독자적으로 움직였습니다. 그러나 일본이 국가적인 규모로 쳐들어오자, 조선 수군 전체가 단일한 명령계통하에서 효율적으로 움직여야 한다는 공감대가 형성되었습니다.

이에 따라 임진왜란 발발 다음 해인 1593년, 조선 조정은 삼도수군통제사라는 관직을 신설하고 이순신을 초대 통제사에 임명하였습니다.

최초의 삼도수군 통제영은 한산도에 있었습니다. 한산도 삼도수군통제영에 주둔한 통제사 이순신은 왜 수군이 서해로 올라올 엄두도 못 내게 철저하게 틀어막았습니다.

그러나 만 4년 후인 정유년1597, 이순신 장군은 억울한 누명을 쓰고 의금부로 끌려가서 삭탈관직되었습니다. 이순신의 뒤를 이은 제2대 통제사는 원균이었습니다. 모두가 아시는 것처럼, 통제사 원균이 지휘하는 조선 수군은 칠천량에서 왜군의 기습을 받아 완전히 무너졌습니다.

이때 열두 척의 판옥선을 이끌고 전선을 이탈하던 배설 장군이 한산도 통제영에 불을 놓아서 태워버렸습니다. 왜군의 손에 들어가는 것보다는 낫다고 보았기 때문이지요.

통영 충렬사 강한루

최초의 삼도수군 통제영이었던 한산도 통제영. 그렇게 뜻깊은 천혜의 요새가 한순간에 잿더미가 되어버린 것입니다. 임진왜란을 통틀어, 아니 한민족의 역사 전체를 놓고 봐도 이렇게 분하고 안타까운 순간이 또 있을까요?

이순신은 천신만고, 천우신조, 우여곡절 끝에 다시 3대 통제사로 복귀했습니다. 명량해전에서 기적적으로 승리를 거둔 후, 목포 아래에 있는 고하도보하도에 진을 쳤다가 다시 고금도로 이동하여 통제영을 설치하셨습니다.

임진왜란이 종료되고 약 7년이 지난 선조 37년1604년, 두룡포현재의 통영에 삼도수군 통제영이 설치되어 300여 년 동안 이어져 내려왔습니다.

물론 하삼도의 수영水營뿐만 아니라 경기도의 경기수영, 평안도의 평안수영도 있었습니다. 그러나 왜적을 막기 위해 설치·운영되던 삼도의 수군이 조선 수군의 주력이었습니다. 그러므로 삼도수군 통제사는 오늘

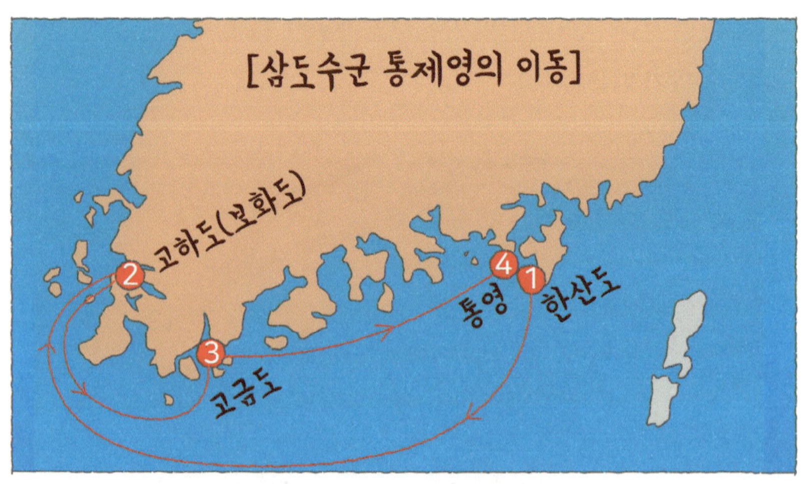

내삼문을 통해 본 충렬사 정당正堂

날의 해군참모총장과 같았다고 해도 큰 무리는 없습니다.

통영시는 그 통제영이 있던 도시입니다. 통영시의 일부는 한때 충무시였습니다. 충무시忠武市의 충무는 충무공忠武公에서 왔습니다. 그리고 충무김밥은 그 충무시에서 유래한 김밥이란 뜻입니다.

통영 충렬사는 충무공 이순신을 기리기 위해 선조39년1606년, 제7대 이운룡 통제사가 왕명을 받들어 창건하였습니다. 현종 4년1663년에는 남해 충렬사와 함께 사액사당이 되었습니다. 사액사당이란 임금이 현판액額을 하사한사賜 사당이라는 뜻입니다. 그후 역대 수군통제사들이 매년 봄과 가을에 제사를 지냈습니다.

통영 충렬사에는 유물 전시관이 부속되어 있습니다. 충렬사 유물 전시관에 가시면 꼭 보셔야 할 것이 두 가지 있습니다.

하나는 명나라 신종황제가 내린 여덟 가지의 선물인 명조팔사품보물 440호이고, 다른 하나는 정조대왕께서 이충무공전서 1질을 충렬사에 내리면서 함께 하사하신 어제사제문御製賜祭文입니다.

아시는 바와 같이 정조대왕은 조선 후기의 중흥기를 이끌었던 개혁군주

통영 충렬사 정당

였습니다. 그런 정조대왕이 충무공 이순신의 업적과 정신에 깊은 감동을 받아서 편찬 · 발간한 책이 바로 『이충무공전서李忠武公全書』입니다.

이충무공전서는 이순신과 관련된 수많은 기록들을 국가적인 차원에서 집대성하여 만들어졌습니다.

어제사제문은 임금御이 지어서製 내린賜 제문祭文이라는 말 그대로, 정조대왕께서 충무공의 제사를 위해 친히 하사하신 문서입니다.

명조팔사품은 명나라 신종황제가 이충무공에게 하사했다는 여덟 종류, 열다섯 점의 보물들입니다. 명나라 진린 장군이 이순신의 인품과 공적을 황제에게 보고하자, 황제가 위로와 치하의 의미로 하사했다고 합니다.

명조팔사품은 현충사가 아니라 충렬사에서 보관하고 있습니다. 정조대왕의 지시에 따른 것입니다. 다음 페이지에 여덟 가지의 하사품에 대한 사진과 설명이 있으니 참고하시기 바랍니다.

그런데 명나라나 조선 왕실의 기록에는 이 명조팔사품에 대한 기록이 없다고 합니다. 앞으로 명조팔사품에 대한 조사를 더욱 꼼꼼히 해주실 것을 역사 전문가 분들께 건의드립니다.

팔사품도병풍

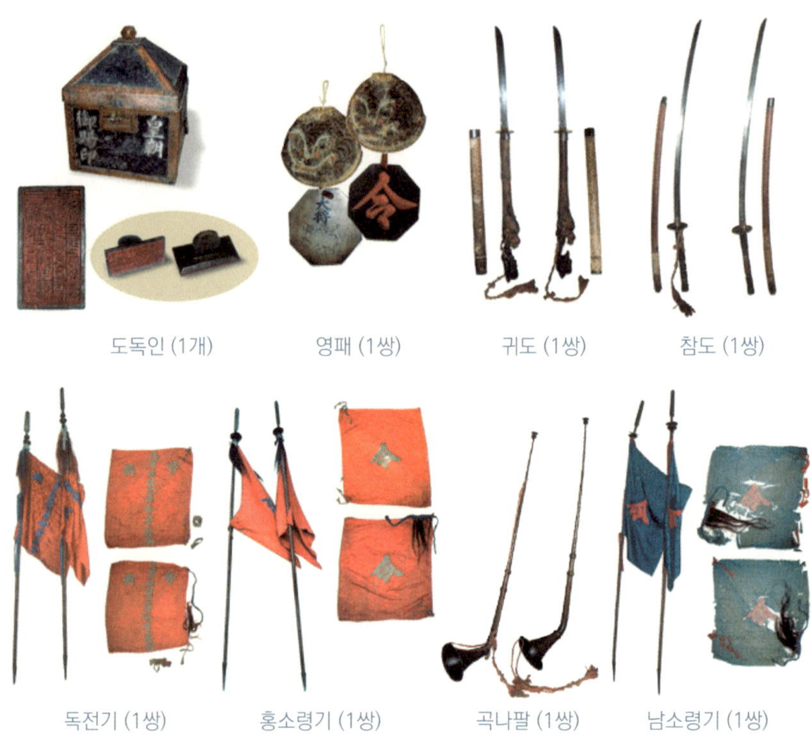
도독인 (1개)
영패 (1쌍)
귀도 (1쌍)
참도 (1쌍)
독전기 (1쌍)
홍소령기 (1쌍)
곡나팔 (1쌍)
남소령기 (1쌍)

명조팔사품 ©통영 충렬사

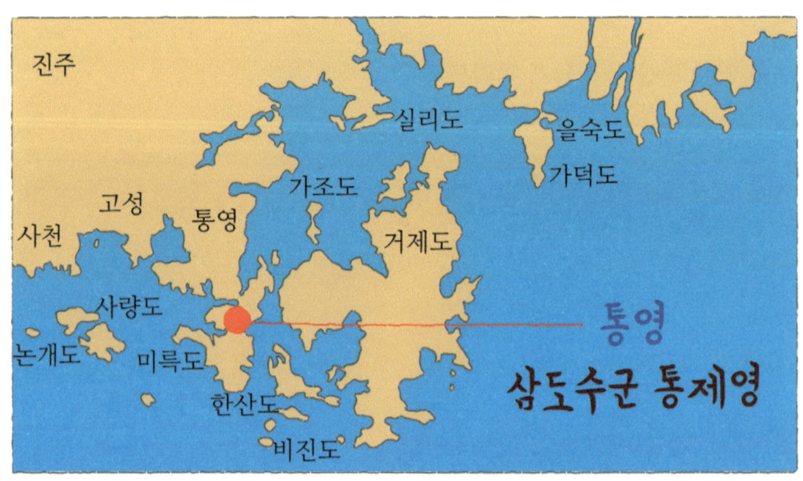
진주
실리도
을숙도
가덕도
가조도
고성
통영
사천
거제도
사량도
논개도
미륵도
한산도
비진도
통영
삼도수군 통제영

충렬사 정당의 이순신 영정

통영 착량묘 鑿梁廟

당포해전 때 참패한 왜군들은 미륵도와 통영반도 사이의 좁은 협곡에 다리를 만들었습니다. 미륵도에서 탈출하기 위해서였지요. 어찌나 마음이 급했던지 필사적으로 바위와 돌을 파내서 다리를 만들었다고 합니다.

임진왜란이 끝나자 통영 사람들은 이곳에 충무공을 기리는 사당을 짓고 착량묘라고 이름지었습니다. 바로 코앞에서 왜군이 바윗돌을 '파서鑿 다리로 만들었梁'기 때문에 착량묘라 한 것입니다. 불패의 영웅 이순신이 허겁지겁 달아나는 왜군을 내려다보는 모양새입니다.

충무공 이순신은 백성들에게는 한없이 자상하였지만, 백성들을 괴롭히는 자들에게는 누구보다 엄격하고 무서웠습니다.

그래서였을까요? 임진왜란이 끝나자 전국의 백성들이 자발적으로 이순신을 위한 사당을 지었습니다. 그중에서도 가장 먼저 세워진 사당이 바로 이곳, 통영 착량묘입니다.

최초의 착량묘는 작지만 정갈한 초가집이었습니다. 이후 고종 14년 1877년에 이충무공의 10대손인 통제사 이규석이 초가집을 기와집으로 고쳐 지었습니다. 그와 함께 호상제라는 건물을 지어서 지방민들의 자제들을 교육하였다고 합니다.

그로부터 100여 년 후인 1979년과 1980년에 건물이 추가되어 어엿한 서원 양식을 갖추게 되었습니다. 그리고 매년 음력 11월 19일에 충무공을 추모하는 제사를 지내고 있습니다.

착량묘 입구

착량묘의 이곳저곳

착량묘 사당 외관과 내부 모습들

통영 = 삼도수군 통제영

세병관洗兵館에 간다는 말은 통영 삼도수군 통제영에 간다는 말과 같습니다. 세병관이 바로 통제영의 핵심 건물이니까요. 그러므로 세병관에 가시면 조선 최대 · 최고 해군 시설의 위용도 함께 감상하실 수 있습니다.

통영 삼도수군 통제영은 1895년에 폐관되었습니다. 그때부터 통제영의 흔적들이 없어지기 시작했지만, 핵심 건물인 세병관만은 처음 만들어진 그대로 전해지고 있습니다.

세병관은 현존하는 조선시대 목조 건물 중에서 바닥 면적이 가장 넓은 세 개의 목조 건물 중 하나입니다. 다른 하나는 국보 제224호인 경회루이고, 나머지 하나는 국보 제304호인 여수 진남관입니다.

여수 진남관과 통영 세병관은 분위기나 겉모습이 비슷합니다. 그러나 다른 점도 있습니다.

첫째, 여수 진남관은 이순신 장군이 실제로 근무하셨던 곳입니다. 그러나 삼도수군 통제사 이순신 영감이 통영 세병관에서 근무하신 적은 없습니다. 통영 삼도수군 통제영은 임진왜란이 끝난 후인 1603년, 제6대 통제사 이경준에 의해 두룡포현재의 통영 관내에 설치되었기 때문입니다.

둘째, 건물의 용도와 목적도 조금 달랐습니다. 진남관은 전라좌수영의 객사로 사용되었지만, 세병관은 처음부터 끝까지 삼도수군 통제영의 작전 본부이자 군무軍務의 핵심 시설로 활용되었습니다.

세병관의 세병은 창이나 칼과 같은 병기兵器를 씻는다는 의미입니다. 두보杜甫라는 중국의 유명한 시인이 전쟁이 없는 평화의 시대를 염원하며 쓴 '세병마행洗兵馬行'이라는 시에서 온 말입니다.

두보는 그의 시 세병마행에서, "어떻게 하면 천하의 장수를 얻어서전쟁을 끝내버려서 병기들을 씻어 오래 오래 쓰지 않아도 될 때가 올까?"라고 노래하였습니다.

우리 선조들은 군사 핵심 시설에 평화를 기원하는 이름을 붙일 줄 아는 멋진 분들이었던 것 같습니다. 병기는 전투 전이나 전투 중이 아니라 전투가 끝난 후에 씻는 법이니까요.

통영시에서는 2000년부터 2013년까지, 무려 10년 이상의 노력을 기울여 삼도수군 통제영 자리에 예전의 삼도수군 통제영의 모습 대부분을 복원하였습니다. 참, 여수시에서도 2022년까지 여수 삼도수군 통제영을 복원한다고 하네요.

삼도수군 통제영 입구 전경

공사 중인 세병관

지과문

망일루

삼도수군 통제영지 내의 부속 건물들

한산도 : 이순신의 불침항모不沈航母가 되다

한산섬 달 밝은 밤에 수루에 홀로 앉아

큰 칼 옆에 차고 깊은 시름할 적에

어디서 일성호가는 남의 애를 끊나니

– 청구영언 영조때 김천택이 유명한 글을 모은 문집

…그래서 뒤쫓아 들어가니, 대선 서른여섯 척과 중선 스물네 척, 소선 열세 척모두 일흔세 척이 대열을 벌려서 정박하고 있었습니다.

그런데 견내량의 지형이 매우 좁고, 또 암초가 많아서 판옥전선은 서로 부딪히게 될 것 같아서 싸움하기가 곤란했습니다. 그리고 왜적은 만약 형세가 불리하게 되면 기슭을 타고 뭍으로 올라갈 것이므로, 한산도 바다 가운데로 유인하여 모조리 잡아버릴 계획을 세웠습니다.

한산도는 사방으로 헤엄쳐 나갈 길이 없고 적이 비록 뭍으로 오르더라도 틀림없이 굶어죽게 될 것이므로, 먼저 판옥선 대여섯 척으로 먼저 나온 적을 뒤쫓아서 엄습할 기세를 보이게 하니, 적선들이 일시에 돛을 올려서 쫓아 나오므로 우리 배는 거짓으로 물러나면서 돌아 나왔습니다. 그러자 왜적들도 따라 나왔습니다. 그때서야 여러 장수들에게 명령하여 학익진鶴翼陣을 펼쳐 일시에 진격하여 각각 지자·현자·승자 등의 총통들을 쏘아서 먼저 두세 척을 깨뜨리자…

– 임진년 7월 8일, 조정에 올린 보고서 중에서

한산도 뱃길을 지켜주는 거북선 등대

한산도는 이순신과 우리 민족에게 아주 뜻깊은 장소입니다.

그 이름도 유명한 한산도 대첩이 있었으니까요.

한산도는 왜적들이 도망간다 하더라도 사방으로 헤엄쳐 나갈 곳이 없는 섬이었습니다. 이순신은 장군은 한산도의 지리적 · 전략적 가치에 주목하셨습니다. 남해안 곳곳에 숨어있는 왜적들을 섬멸하시면서 자연스럽게 한산도의 가치를 알게 되셨겠지요.

한산도의 위치는 아래와 같습니다.

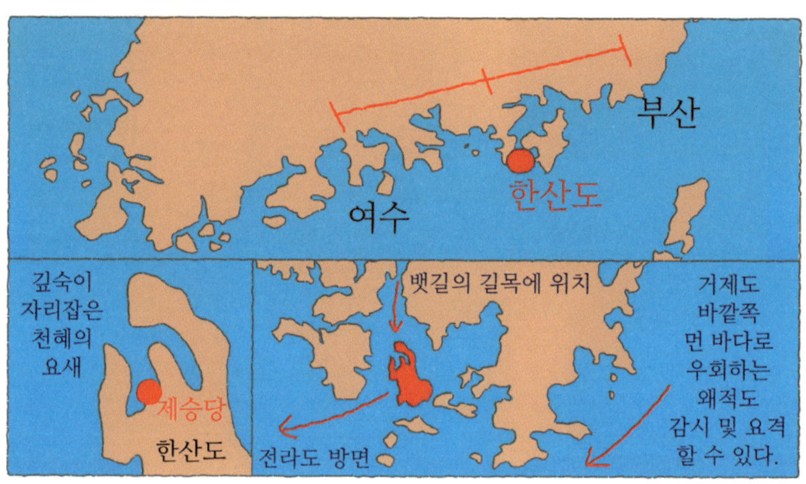

지도를 찾으면서 새삼스레 느낀 것이 있습니다. 한산도가 부산 쪽에 훨씬 가깝다고 생각했었는데, 알고 보니 여수와 부산으로부터의 거리가 거의 비슷하더군요. 이순신의 든든한 근거지였던 여수의 전라좌수영과, 수십만 왜군들의 본진이었던 부산의 한가운데에 있었던 셈입니다.

한산도는 경상도에서 전라도로 넘어가는 뱃길의 길목에 자리잡고 있습니다. 섬 자체의 모양과 지형도 천혜의 요새답습니다.

통영에서 배를 타고 한산도에 직접 들어가보면, 한산도 통제영의 위치가 얼마나 절묘한지 새삼스레 감탄하게 됩니다. 이순신은 한산도에 자리를 잡고 왜군이 호남으로 진출하지 못하게 틀어막았습니다. 그것은 한산도에 통제영을 설치할 때부터 의도된 것이었습니다.

호남은 국가의 보호막입니다. 호남이 없으면 국가도 없습니다.
그래서 어제 진을 한산도로 옮겨 이로써 바닷길을 막을 계획입니다.
湖南國家之保障 若無湖南是無國家
是以昨日進陣干閑山島 以爲遮按海路之計耳

조선시대 사정과 감찰 기관이던 사헌부 지평 현덕승에게 보낸 위의 글에서 알 수 있듯이, 이순신은 삼도수군 통제영을 한산도로 옮기는 이유를 명확하게 인식하고 있었습니다.

이순신은 임진왜란 다음 해인 1593년 8월 15일에 초대 삼도수군 통제사로 임명되었습니다. 앞에서 말씀드렸듯이 통일된 지휘 체계의 필요성이 대두되었기 때문입니다. 이순신은 삼도수군 통제사로 이미 내정되어 있었다고 볼 수 있습니다.

삼도수군 통제사로 임명되기 한 달 전인 1593년 7월 15일, 이순신은 한산도로 본영을 옮겼습니다. 한산도 통제영의 건축이 마무리되기도 전에, 이순신은 한산도 이곳저곳으로 진을 옮기며 왜군을 공격하였습니다. 전라도로 가는 바닷길을 틀어막기 위해서입니다.

1593년 3월 8일, "한산도로 돌아왔다."는 표현이 처음으로 난중일기에 등장합니다. 이때는 한산도에 시험적인 진을 설치하여 활용하고 계셨던 것 같습니다.

3개월 뒤인 6월 21일에 한산도 망항포를 진을 옮겼습니다. 7월 10일에는 "한산도 끝에 있는 세포로 진을 옮겼다."라고 일기에 나옵니다. 7월 14일에는 한산도 두을포로 진을 옮깁니다. 한산도에 지은 정식 통제영으로 진을 옮기신 것입니다. 이순신은 삼도수군 통제사에서 해임되고 의금부로 이송될 때까지, 약 4년 동안 이곳에서 활동하셨습니다.

난중일기에는 "한산도 뒷산 마루에서는 다섯 섬과 대마도가 보인다."라는 구절이 있습니다. 세종대왕 때 대마도 정벌의 출발지도 한산도였습니다. 여수와 부산의 한가운데에서 일본의 대마도까지 볼 수 있다니, 정말 요지 중의 요지라고 할 수 있네요.

그후 칠천량 해전으로 조선 수군이 궤멸될 때, 배설 장군이 열두 척의

배를 빼돌리면서 한산도에 불을 놓았습니다.

배설이 정확히 무슨 생각을 했는지는 알 수 없습니다. 승산이 없다고 판단했을 수도 있고, 삼도수군 통제사 원균이 도저히 말이 통하지 않는 인물이라고 생각했을 수도 있습니다. 아마 둘 다였겠지요.

어쨌든 배설은 열두 척의 배를 이끌고 한산도로 가서 그곳의 시설과 물자를 모두 불태워 버렸습니다. 그 무렵 칠천량에서는 원균이 이끄는 조선 수군이 궤멸당하고 있었습니다.

상관인 원균의 지시를 무시하고 도망친 것은 군법상 명령불복종에 해당됩니다. 이순신이 호의적으로 대할 리 없죠.

그러나 경상우수사 배설 영감을 무작정 비난할 수는 없지 않을까요? 그의 수군과 열두 척의 배가 고스란히 이순신의 손에 들어갔으니까요. 만약 그 열두 척이 없었다면, 제아무리 이순신이라고 해도 명량 해전의 기적을 만들어낼 수는 없었을 것입니다.

배설은 이순신에게 열두 척의 배와 군사를 인계한 뒤에 결국 탈영하고 말았습니다. 이순신은 이를 괘씸하게 여겼습니다. 임진왜란이 끝난 후, 배설은 경상북도 선산지금의 구미에서 체포되어 처형당했습니다.

제가 생각하기엔 이순신이 배설을 못 잡은 게 아니라, 여러 복잡한 상황을 고려해서 판단을 미루었던 것 같습니다. 이순신은 언제나 군법을 추상같이 적용했기 때문입니다.

배설이라는 인물을 판단하는 것은 참 쉽지 않습니다. 물론 난중일기를 읽어보면 아무래도 좋게 평가하기는 어렵습니다. 그러나 그는 원균의 명령에 불복종함으로써 최소한의 수군 병력을 지켜냈으며, 한산도 통제영에 있던 막대한 군사물자가 왜군의 손에 넘어가는 것도 막아냈습니다.

전란 직후에 처형되었지만 6년 뒤에 선무원종공신宣武原從功臣에 추증되어 사면 · 복권되었습니다. 나름대로의 억울함과 군인으로서의 노력을 인정받았기 때문이라고 볼 수 있습니다.

통영 여객터미널과 한산도를 오가는 여객선

한산도 대첩 : 세계 해전사史의 별이 되다

앞에서 명량해전에 대해 말씀드릴 때, 이순신의 전투 방식과 그 이유를 설명드린 적이 있습니다.

이순신의 전투 방식은 철저한 정보 수집을 통해 다수의 아군으로 소수의 적군을 격파하는 방식이었습니다. 이를 통해 아군의 희생을 최소화할 수 있었다고 말씀드렸습니다.

임진왜란 초기, 육지의 조선군은 일방적인 패배를 당하고 있었습니다. 반대로 이순신의 수군은 피해조차 거의 없는 대승을 이어가고 있었습니다. 일본군은 이 상황을 어떻게 생각했을까요?

일본은 원래 해전에 대해서 진지하게 고민하지 않았습니다. 일본 수군의 주임무는 전투가 아니라 수송이었기 때문입니다. 조선 수군의 존재는 처음부터 무시했던 것 같습니다. 어쨌든 소중한 군수물자를 바다에서 모조리 잃어버리면, 어떤 군대라도 심각한 타격을 입을 수밖에 없습니다.

마치 조선 육군이 존재하지 않는다는 듯이 돌격하던 왜군은 탄금대에서 신립 장군에게 완승을 거두었습니다. 용인 전투에서는 1,500대 5만이라는 엄청난 격차에도 불구하고 승리했습니다. 왜군은 조선군이 가소롭다고 여겼을 것입니다.

그런데 그 조선군이 왜군의 수송선단을 모조리 초토화시키고 있는 게 아닙니까? 모르긴 해도 화가 나기보다는 짜증이 먼저 났을 것 같습니다. 육지의 조선군처럼 단숨에 쓸어버리겠다고 생각하지 않았을까요?

우연의 일치인지 모르지만, 5만 명의 조선 육군이 대패한 용인 전투의 주장主將 와키자카 야스하루는 원래 수군 장수였습니다.

군수물자 수송에 타격을 주는 조선 수군을 더 이상 방치하지 말라는 명령이 일본 조정에서 떨어졌습니다. 와키자카 야스하루의 지휘 아래 일본의 주력 수군이 한산도 위에 있는 견내량에 모였습니다. 아래 보고서를 보면 73척이었습니다. 조선 수군도 전력을 총동원했습니다. 96척입니다.

1592년 8월 14일, 96척의 조선 수군과 73척의 왜 수군이 한산도 앞바다에서 정면승부를 시작했습니다.

이른 아침에 적선이 머물러 있는 곳견내량으로 항해했습니다. 한바다에 이르러 바라보니, 왜의 대선 한 척과 중선 한 척이 선봉으로 나와서 우리 함대를 몰래 보고서는 도로 진치고 있는 곳으로 들어갔습니다. 그래서 뒤쫓아 들어가니, 대선 서른여섯 척과 중선 스무 네 척, 소선 열세 척모두 일흔세 척이 대열을 벌려서 정박하고 있었습니다.

– 이순신이 조정에 올리는 보고서, 7월 초8일

인터넷으로 한산도 대첩을 검색해 보면 진주 대첩, 행주 대첩과 함께 임진왜란 3대 대첩의 하나로 손꼽히는 것은 물론, 국제적으로도 깊은 인상을 남긴 전투라고 되어 있습니다.

대첩문. 경내로 진입하는 입구에 있다.

이순신의 학익진과 한니발의 칸나에 전투 The Battle of Cannae

전세계의 해군사관학교에서 한산도 해전을 배우는지는 모르겠습니다. 그러나 서구의 거의 모든 사관학교에서 배우는 전투가 있습니다. 한니발 장군이 지휘하는 카르타고군이 로마군과 맞붙었던 칸나에 전투입니다.

전투에서 압승하기 위해서는 포위섬멸전을 하는 것이 가장 좋습니다. 전투에서 승리하더라도 적군의 주력과 지휘관들을 놓쳐 버린다면, 언제든지 전열을 재정비해서 반격해올 수 있기 때문입니다. 그러므로 도망치지 못하게 포위해서 전멸시키는 것이 제일 좋습니다.

적을 포위하기 위해 가장 중요한 요소 중의 하나가 바로 속도입니다. 그래서 알렉산더 대왕 이후로 기병이 매우 중시되었습니다. 한신의 군대가 항우의 군대를 몇 겹으로 포위해서 섬멸했던 초한전의 마지막 전투가 바로 동양의 대표적인 포위섬멸전이었습니다.

칸나에 전투는 한니발이 일부러 몇 번 져주는 것으로 시작되었습니다. 본격적인 대회전이 있기 전, 각자 진을 치고 대치한 상태에서 소규모 전투가 벌어졌습니다. 이때마다 한니발측의 피해가 조금 더 컸습니다. 로마군의 사기가 올랐습니다. 한니발의 군대를 우습게 보기 시작했습니다.

한산도 앞바다에서 일본 수군을 만난 조선 수군은 일부러 져줄 필요가 없었습니다. 일본 함대의 지휘관 와키자카 야스하루와 그의 부하들은 조선 육군과의 전투에서 너무나도 쉽게 승리를 거듭하고 있었으니까요. 일본군은 이미 자만에 푹 빠져 있었습니다.

기원전 216년의 칸나에 전투로 돌아가겠습니다. 5만의 한니발 군대와

8만 7천의 로마군이 정면승부를 개시했습니다. 한니발은 가운데에 경무장 보병을 배치하였고, 양쪽에는 강력한 기병대를 배치했습니다.

중무장한 로마군의 정예 보병이 한니발의 경무장 보병들을 향해 돌격했습니다. 한니발의 경무장 보병은 로마군 정예 보병의 공격을 견디지 못하고 와르르 무너졌습니다.

기세가 오른 로마 보병들이 한니발 군의 한가운데로 진격했습니다. 그런데 갑자기 아주 강력한 부대가 떡하니 벽처럼 막아섰습니다. 아무리 공격해도 무너지지 않았습니다. 한니발이 이끄는 카르타고군의 최정예 중무장 보병이었습니다.

그때였습니다. 보병들의 좌우에 포진해 있던 한니발의 기병대가 로마 기병들을 몰아내고 로마 주력 보병을 포위하는 데 성공했습니다. 포위를 완성한 기병대가 보병 부대를 학살하기 시작했습니다. 이때 8만 7천 명의 로마 정예 보병 중에서 7만여 명이 전사하고 말았습니다.[1)]

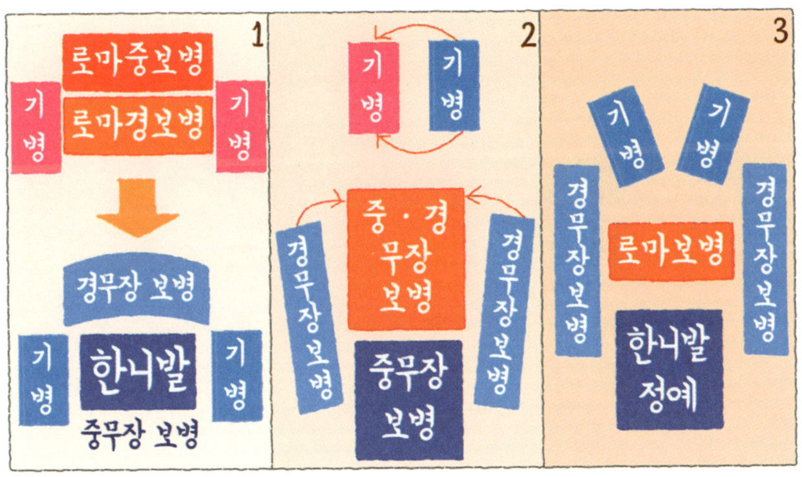

그러나 한니발이 이끌던 카르타고군의 피해는 6천 명에 불과했습니다. 특히 한니발의 주력 부대 5,500명은 3분의 1만이 피해를 입었습니다.

한산도 해전이 시작되자 이순신은 대여섯 척의 판옥선을 내보냈습니다. 한니발이 전진배치했던 경무장 보병과 같은 역할이었지요.

와키자카 야스하루는 해적 출신의 수군 명장이었습니다. 다섯 척의 판옥선이 이순신의 유적계誘敵計, 즉 유인책일 가능성도 생각했을 것입니다.

그러나 와키자카는 자신있게 주력부대를 모두 이끌고 쫓아왔습니다. 이순신이 유인 작전을 쓴 것이라 해도 충분히 조선 수군을 압도할 수 있다고 착각한 것입니다. 그의 함대 역시 작은 규모가 아니었으니까요.

대여섯 척의 판옥선을 추격하던 일본 함대가 정신을 차려보니, 아뿔싸! 어느새 조선 함대에 포위되어 있는 게 아니겠습니까?

그때부터 왜선들은 조선 수군의 함포에 두들겨 맞아서 하나둘씩 박살났습니다. 때마침 해류의 방향이 조선 수군 쪽에 유리하게 바뀐 데다,

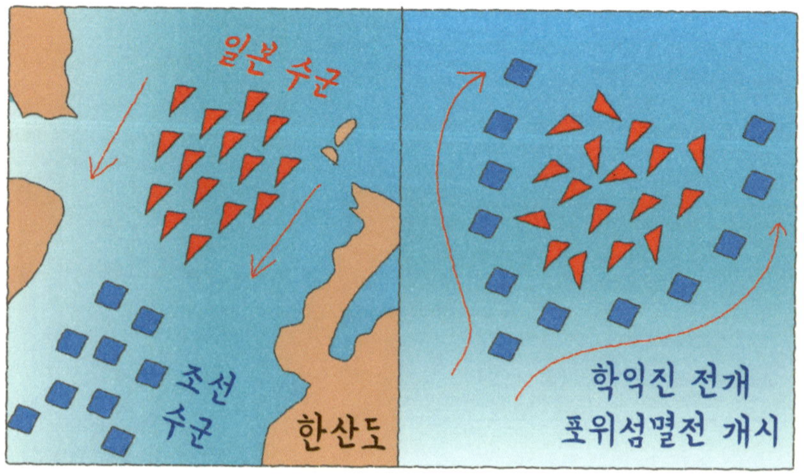

학익진의 날개에 갇혀 있어서 도망칠 수조차 없었습니다.

서구의 모든 육군사관학교가 배운다는 칸나에 전투가 1천 8백여 년 후에 한반도 남쪽 바다에서 벌어진 것입니다. 그래서인지 한산도 대첩을 다른 나라의 해군사관학교에서 배운다고 하는 분들도 계십니다.

앞에서도 말씀드렸지만 다른 나라의 해군사관학교에서 한산도 대첩을 가르치는지는 잘 모릅니다. 그러나 전 세계의 전쟁사학자들이 한산도 대첩을 높이 평가하며 연구해 왔다는 것만을 확실합니다.

칸나에 전투에서 입은 한니발군과 로마군의 피해, 그리고 한산도 해전에서 발생한 조선 수군과 일본 수군의 피해를 비교하면 다음과 같습니다.

<table>
<tr><th>출처:
위키백과</th><th colspan="3">조선군 피해</th><th colspan="3">일본군 피해</th><th rowspan="2"></th><th rowspan="2">카르타고군 피해</th><th rowspan="2">로마군 피해</th></tr>
<tr><td rowspan="2">전선</td><td rowspan="2">0</td><td>침몰</td><td>0</td><td rowspan="2">59</td><td>침몰</td><td>47</td></tr>
<tr><td>나포</td><td>0</td><td>나포</td><td>12</td><td>전사</td><td>6,000</td><td>70,000</td></tr>
<tr><td rowspan="2">병력</td><td rowspan="2">13</td><td>전사</td><td>3</td><td rowspan="2">6,700
+a</td><td>전사</td><td>6,700</td><td>부상</td><td>10,000</td><td></td></tr>
<tr><td>부상</td><td>10</td><td>부상</td><td>?</td><td>포로</td><td></td><td>11,000</td></tr>
</table>

위에서 보시는 바와 같이 59척의 배가 침몰하고 6천 명 넘는 왜군이 전사했습니다. 그러나 조선 수군은 단 한 척의 전선도 침몰하지 않았습니다. 3명의 전사자와 10여 명의 부상자가 피해의 전부였습니다.

그렇습니다. 한산도 대첩은 조선의 칸나에 전투였습니다.

충무문

제승당과 운주당 : 통영 한산도 이충무공 유적

통영 여객터미널에 가시면 한산도로 가는 배를 탈 수 있습니다. 이 책에서 소개하는 이순신 여행지 중에서 유일하게 배를 타야 하는 곳입니다. 예전에는 배를 타고 들어가야 했지만, 이제는 다리를 건너서 갈 수 있는 섬들이 많습니다. 그러나 한산도만큼은 배를 타고 가야 합니다.

배를 타면 바다에서 육지를 바라볼 수 있습니다. 이런 당연한 말씀을 굳이 드리는 이유는, 배를 타고 바다를 오가며 싸웠던 이순신과 수군의 마음이 되어보셨으면 해서입니다. 배를 타면 바다의 출렁임과 거대함도 느낄 수 있습니다. 여러분도 꼭 한 번은 직접 배를 타고 한산도로 가보셨으면 좋겠습니다.

배로 25분쯤 가면 한산도에 도착합니다. 배에서 내려서 아늑하고 아름답게 휘어진 바닷길을 따라 걷다 보면 "통영 한산도 이충무공 유적"이라고 적힌 입구가 나옵니다. 이곳에 최초의 삼도수군 통제영이 설치되어 4년간 유지되었다는 사실을 새삼스레 실감할 수 있습니다.

한산도 깊숙이 움푹 들어간 곳에 제승당이 있습니다. 군사 전문가가 아닌 보통 사람이 봐도 절묘하다고 감탄할 수밖에 없는 자리입니다.

제승당制勝堂이라는 한자말을 풀이하면 "승리勝를 통제制하는 곳堂"이라고 할 수 있습니다. 영어로 하면 Victory를 Control하는 Hall이라고 하면 될까요? 어느 쪽이든 참 멋진 이름이라고 생각합니다.

이순신이 주둔하던 당시에는 제승당이 아니라 운주당運籌堂이었습니다. 운주란 계책을 이끌어내다, 계책을 운용하다는 뜻입니다. 작전 본부에 잘 어울리는 이름입니다.

이순신은 좋은 계책을 가지고 있는 사람이라면 누구든지 운주당에 들어와서 의견을 내고 회의를 할 수 있게 하셨습니다.

그러나 원균이 삼도수군 통제사가 되고 나서는 애첩과 밀회를 나누는 장소가 되어버렸습니다. 부하들 및 외부와의 회의와 협의가 중단되었고, 외부와의 교류와 내부적인 소통이 모두 사라져 버렸습니다.

그래서였을까요? 조선 수군은 칠천량에서 궤멸당하고, 운주당도 불에

제승당

타 없어지고 말았습니다. 그후 150여 년이 흐른 1738년영조 15년에 와서야, 통제사 조경이 운주당을 중건하고 제승당이라 이름붙였습니다.

서애 유성룡은 징비록懲毖錄에서 다음과 같이 말했습니다.

처음에 원균元均이 한산도에 부임하고 나서 이순신이 시행하던 여러 규정을 모두 변경하고 이순신을 보좌하던 모든 장수와 사졸들과 이순신에게 신임을 받던 사람들을 모두다 쫓아버렸다. 특히 이영남李英男은 자신이 전일 패전한

상황을 자세히 알고 있는 사람이므로 더욱 미워하였다. … 원균은 자기가 사랑하는 첩과 함께 운주당에 거처하면서, 이중 울타리로 운주당의 안팎을 막아버렸다. 여러 장군들은 그의 얼굴을 보기가 드물게 되었다. 또 술을 즐겨 먹고서 날마다 술주정을 부리고 화를 내며, 형벌을 쓰는 일에 법도가 없었다.

군중에서 자기들끼리 가만히 수군거리기를, 만약 왜놈들을 만나면 이 상황에서 우리는 달아날 수밖에 없다. 여러 장군들도 서로 원균을 비난하고 비웃으면서, 또한 원균이 두려워서 군사 일을 제대로 아뢰지 않게 되므로 그의 호령은 부하들에게 시행되지 않았다.

번역 : 코리안스피릿, 장영주의 국학컬럼 2015년 9.15일자 중에서

제승당 바로 옆에는 너무도 유명한 수루戍樓가 있습니다. 제가 한산도 여행기의 첫머리에 옮긴 그 유명한 시에 등장하는 "수루"가 바로 이곳이 아니었을까요?

그리고 한산정도 있습니다. 약 1,500일에 걸친 난중일기 중에서 약 1,000일을 넘는 기록이 이곳 한산도에서 쓰였습니다. 이순신이 일기쓰기

수루

만큼이나 많이 한 것이 바로 활쏘기였습니다. 한산정은 한산도 제승당 바로 뒤에 있는 활터활쏘는 곳의 이름입니다. 감동적일 뿐만 아니라 아름답기까지 합니다.

본 섬의 최북단에는 대섬竹島이 있다. 화살대를 공급하던 곳이다. 그 아래쪽에는 해갑도, 비산도, 상혈도, 하혈도, 좌도, 송도, 유자도 등의 작은 섬들이 있다. 북쪽의 비추리는 군함을 만들던 곳이며, 망골은 바다의 적의 동정을 살피던 곳이었으며, 야소는 군기창이 있었던 곳이고, 개미목은 왜적 패잔병이 개미처럼 붙어 있던 곳이라고 하여 이름지어졌다. 진두는 진을 친 장소였다는 뜻으로, 현재 한산면의 행정소재지가 있다.

– 위키백과

한산도에서 대마도 정벌도 했다니, 한산도는 여러모로 승리의 터전이었던 것 같습니다.

제승당 내부

이순신이 활쏘기를 하던 한산정

한산도 충무사의 외부와 내부 모습들

남해 관음포 : 조선의 별이 지다

어제 복병장伏兵將 발포만호 소계남蘇季男과 당진포 만호 조효열趙孝悅 등이 왜의 중간 배 한 척이 군량을 가득 싣고 남해에서 바다를 건너는 것을 한산도 앞바다까지 추격했다. 왜적은 언덕을 따라 육지로 올라가 달아났고, 포획한 왜선과 군량은 명나라 군사에게 빼앗기고 빈손으로 와서 보고했다.

– 무술년 10월 17일, 난중일기 중 『무술일기』

이순신이 남긴 마지막 일기입니다. 이충무공전서에 포함된 난중일기가 아니라 후손들이 보관해온 난중일기는 5일 전인 10월 12일에 끝납니다. 그 마지막 일기는 단 한 줄이었습니다.

나로도에 이르렀다.

– 무술년 10월 12일, 난중일기 중 『무술일기』

단 한 줄의 일기를 남긴 다음 날인 10월 18일, 이순신은 함대를 이끌고 노량으로 출진합니다. 19일 새벽부터 벌어진 노량해전은 임진왜란의 숱한 전투 중에서도 가장 치열한 전투 중 하나였습니다.

이 노량해전에서 이충무공께서 순국하십니다.

따라서 마지막 일기는 돌아가시기 48시간도 되기 전에 쓰였을 것입니다. 그 내용을 다시 살펴보면 다음과 같습니다.

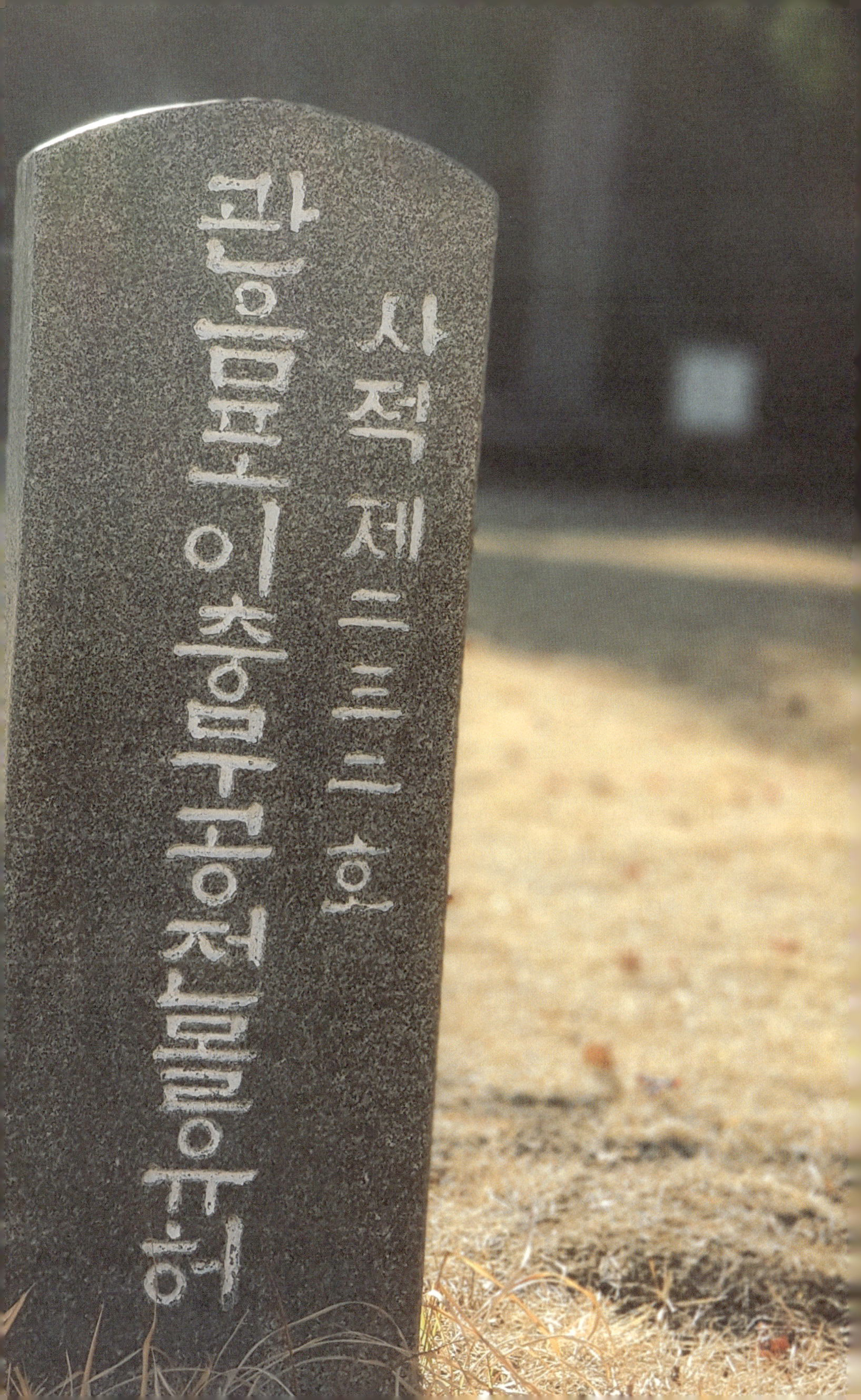

사적제二三二호

관음포이충무공전몰유허

어제 복병장伏兵將 발포만호 소계남蘇季男과 당진포 만호 조효열趙孝悅 등이 왜의 중간 배 한 척이 군량을 가득 싣고 남해에서 바다를 건너는 것을 한산도 앞바다까지 추격했다. 왜적은 언덕을 따라 육지로 올라가 달아났고, 포획한 왜선과 군량은 명나라 군사에게 빼앗기고 빈손으로 와서 보고했다.

7년간 이어진 임진왜란의 마지막 전투 이틀 전에 적힌 이 일기를 읽고, 저는 마음 한구석이 참으로 편하지 못하였습니다. 상처받고 지친 이순신의 마음이 절절하게 느껴졌기 때문입니다.

충직한 이순신의 부하들은 외곬수인 지휘관을 닮아 끝까지 적을 추격했습니다. 육지의 왜성에 틀어박혀 있던 왜군의 주력은 명나라와 은밀히 내통하며 안전한 퇴로를 확보하기 위해 혈안이 되어 있었습니다.

이순신은 왜군을 왜성 밖으로 끌어내기 위해 부단히 노력했습니다. 왜성을 포위하여 식량 공급을 끊으면 왜적이 스스로 기어나올 거라고 생각하신 것 같습니다. 그런데 군량을 가득 실은 배 한 척이 나타났습니다.

그 배를 본 조선의 장병들은 얼마나 억장이 무너졌을까요? 그 배를 끝까지 쫓아가서 배와 식량을 빼앗았더니, 이번에는 아군인지 적군인지 알 수 없는 명나라 군사들이 가져가 버렸으니까요.

명나라 군사들의 생각과 입장은 조선군과 달랐습니다. 그들에게 임진왜란은 남의 땅에서 벌어진 전쟁이었습니다. 속국을 보호한다는 명분으로 파병되어 왔지만, 목숨을 바쳐 희생하고 싶은 생각은 거의 없었습니다.

전쟁을 대충 마무리하고 빨리 고향으로 돌아가고 싶은 것이 당시 명나라

이충무공 전몰 유허 경내 입구

군사들의 심정이었을 것입니다. 실제 역사 기록을 봐도 그렇습니다.

그런데 조선 병사들과 이순신의 생각은 달랐습니다. 왜군은 어느날 갑자기 우리 땅에 들어와서 나의 가족을 죽이고, 형제 자매를 납치하고, 재산을 빼앗는 폭거를 7년 동안이나 저질렀습니다. 그리고는 이제 와서 집으로 돌아갈 수 있게 길을 열어 달라고 합니다. 참으로 뻔뻔한 자들이 아닐 수 없습니다.

서양 국가들끼리의 전쟁이었다면 어땠을까요? 승전국은 패전한 침략국에게 거액의 배상을 요구했을 것입니다. 실제로 제1차 세계대전 후에 연합국은 독일에 엄청난 배상금을 물렸습니다. 그 액수와 조건이 어찌나 가혹했던지, 히틀러의 나치Nazi가 등장하는 원인이 되었을 정도입니다.

어쨌든 무장 강도가 내 집에 침입해서 가족들을 죽이고 재산을 갈취한 뒤에, 이제는 돌아갈 테니까 더 이상 싸우지 말자고 하는 말을 받아들일 사람은 아무도 없을 것입니다. 당연히 이순신도 결사반대했습니다. 우리 백성을 짓밟은 왜군을 결코 보내줄 수 없다고 강하게 주장했습니다. 처음에는 미온적이던 진린도 이순신의 호소를 듣고 마음을 고쳐먹었습니다.

명군은 왜군으로부터 뇌물을 받아 왔습니다. 하지만 그들도 이순신의 수군, 조선의 수군과 함께 하기로 하였습니다. 이순신의 절절한 호소에 감화된 것입니다. 그래도 위 일기의 내용과 같은 일이 드물지 않게 벌어졌습니다. 가슴이 먹먹해질 정도로 답답하고 비통한 상황이었습니다.

이순신은 찢어지는 가슴을 부여잡고 마지막 출전을 했습니다.

대성운해 : 큰 별이 바다에 떨어지다

관음포 이충무공 유적지 남해군 고현면 차면리 산125번지

남해 이충무공 전몰 유허지에 가면 관음포가 육지로 움푹 들어와 있음을 실감할 수 있습니다. 이렇게 육지로 들어와 있다 보니 수심이 얕지만, 제 눈에는 관음포의 물빛이 깊은 바다의 색깔보다 더 예뻐 보입니다.

더 바다다워 보인다고 할까요?

물길이 좁고 수심이 얕다 보니 관음포에서의 전투는 종종 의외의 결과를 낳기도 했습니다. 관음포의 지형이 다음과 같은 두 가지 변수를 만들기 때문입니다.

첫째, 관음포 전투의 패자는 완전히 전멸하거나, 전멸당하지 않기 위해 필사적으로 저항해야 합니다. 손자가 말하는 '배수의 진'과 같은 효과가 나타나는 것입니다. 관음포가 육지 쪽으로 움푹 들어와 있어서 포위되기 쉽기 때문이지요.

왜군 병사들은 드디어 정든 고향으로 돌아갈 수 있다는 희망에 부풀어 있었을 것입니다. 그런데 조선 앞바다를 빠져나가기도 전에 포위되어 버렸습니다. 궁지에 몰린 생쥐처럼 처철하고 격렬하게 저항할 수밖에 없겠죠.

둘째는 착시 현상입니다. 앞에서 관음포가 얕고 좁다고 말씀드렸습니다. 이때문에 관음포는 마치 남해 바다와 육지 사이에 나있는 바닷길처럼 보입니다. 넓은 바다로 나가기 위해 혈안이 되어 있던 왜군이 급한 마음에 이 포구로 들어왔을 가능성이 큽니다. 더구나 노량해전이 개시된 시간은 한겨울 새벽 4시경이었습니다. 낮에도 항해하기 힘든 복잡한 지형입니다. 캄캄한 밤에는 더더욱 분간하기 힘들었겠지요.

삼국지연의를 보면, 서촉을 정벌하던 방통이 적장 장임의 꾀에 넘어가 어떤 계곡에서 포위되어 죽는 장면이 나옵니다. 계곡에 들어선 방통이 '낙봉파落鳳坡'라는 글귀를 보았습니다. 그 순간, '아뿔싸! 내가 여기서 꾐에 빠져 죽겠구나'라고 생각했습니다. 방통의 호는 봉추鳳雛였고, 낙봉파의 낙자는 떨어질 낙落자였기 때문입니다. 봉추가 떨어지는 곳이라는 지명을 보고 죽음을 예감한 것입니다.

이순신이 서거하신 관음포가 보이는 뒷산에 그분을 애도하기 위한 사당이 있습니다. 그 사당의 이름은 '이락사李落祠'입니다. 이충무공의 이李와 떨어질 락落이 합쳐져서 만들어진 이름입니다. 이순신이라는 큰 별이 떨어진 곳임을 말없이 알려주고 있습니다.

이 사당 옆길로 쭉 올라가면 첨망대를 만날 수 있습니다. 그리 멀지도 않고 그리 높지도 않습니다. 조선시대에 세워진 누각은 아니지만 크고 아름답습니다. 첨망대에서 바라보는 바다와 섬들도 절경이지요.

첨망대

이순신은 최소한의 희생으로 압도적인 승리를 거두기 위해 치밀한 전술 · 전략을 사용했다고 말씀드린 바 있습니다. 실제 전투에서도 아군의 피해는 적군과 비교할 수 없을 정도로 작았습니다. 게다가 이런 대승을 수십 번이나 연속해서 거두었습니다.

이순신의 활동 시기는 거의 온전하게 작권권을 가지고 운영하신 시기와 명나라 군과 협력하여 전투를 운영하신 시기로 나눌 수 있습니다.

첨망대

물론 후자의 시기에 입은 피해가 좀 더 컸습니다.

아무래도 명나라 수군은 조선 수군처럼 이순신의 지휘를 일사불란하게 따르지는 못했을 것입니다. 이순신은 이들의 안위와 전과까지 고려하면서 작전을 짜고 수행해야 했습니다. 그러다 보니 최고의 효율을 내는 것이 불가능했을 것입니다.

이순신은 퇴각하는 왜군의 씨를 말려버리고 싶었습니다. 그러나 명나라

군대는 비협조적이었습니다. 무사히 집에 돌아가고 싶은 건 명나라 군사들도 마찬가지였기 때문입니다. 왜군이 물러가는 마당에 더 이상의 피를 흘리고 싶어하지 않았던 그들의 입장도 이해는 갑니다.

그래도 명나라 수군 지휘관 진린은 이순신을 이해하고 지지하였습니다. 가까이서 이순신을 지켜보며, 그 고매한 인품과 우국충정에 깊이 감동했기 때문입니다.

이처럼 노량해전은 비협조적인 명군을 데리고, 필사적으로 항전하는 왜군을 섬멸해야 하는 어려운 전투였습니다. 그래서 우리측 피해도 적지 않았습니다. 가장 큰 피해는 이순신의 전사戰死였습니다.

고니시 유키나가는 임진왜란에 참여했던 일본 장수 중에서 가장 중요한 장수 중 하나였습니다. 당시에 그는 주로 순천에 주둔했습니다. 그무렵 이순신의 통제영은 고금도에 있었습니다. 따라서 순천 오른쪽은 왜군의 영역이라고 봐야 했습니다.

순천왜성 유적지

왜군들은 이순신이 있는 동안에는 바다에서의 전투를 회피했습니다. 그래도 바다를 포기할 순 없었습니다. 그래서 무지막지하게 튼튼한 왜성들을 바닷가에 짓기 시작했습니다. 왜성을 거점으로 점령지를 지배하려 한 것입니다. 왜군은 남해안의 한복판인 순천에서 오른쪽 끝인 울산까지 줄줄이 왜성을 지었습니다. 이러한 왜성의 흔적은 아직도 남해안 곳곳에 남아 있는데, 그중에서도 순천왜성이 가장 유명합니다.

고금도에서 영향력을 행사하는 조선 수군 때문에 남해바다 서쪽에는 왜군이 드물었습니다. 하지만 남해바다 동쪽은 여전히 왜군의 영향권이었습니다. 그래서 왜군들은 남해 섬들의 윗길과 아랫길로 퇴군하려고 했습니다.

노량해전은 1598년 음력 11월 19일, 양력으로는 12월 16일이었습니다. 왜군들은 겨울이 다가올수록 고향 생각이 간절해졌을 것입니다. 예나 지금이나 조선의 겨울은 일본의 겨울보다 훨씬 혹독하기 때문입니다.

왜군들은 관음포만 벗어나면 무사히 고향으로 돌아갈 수 있었습니다.

하지만 우리들은 7년 동안이나 우리를 유린한 왜군이 고향으로 돌아가게 해줄 수는 없었습니다. 그들은 섬멸되어야 했습니다. 임진왜란이 있었고 또 다시 정유재란이 있었으니, 그들이 무사히 돌아간다면 또 언제 쳐들어올지도 알 수 없었습니다.

새벽에 벌어진 전투의 와중에 한무리의 왜군 선단이 관음포로 들어와서 포위되고 말았습니다. 그들은 최후의 발악을 했습니다. 이순신은 저 원수들을 절대로, 절대로 살려보내지 않겠다고 이를 악물었습니다.

그 순간, 한 발의 총알이 그의 뜨거운 심장을 관통했습니다.

전방에 싸움이 급하니 나의 죽음을 알리지 말라.

戰方急愼勿言我死

이순신이 남긴 이 말은 너무도 유명합니다. 임진왜란의 발발과 함께 떠오른 이순신이라는 큰 별은, 임진왜란이 끝나는 순간 차가운 바다 깊숙이 떨어지고 말았습니다.

단 한 번도 패한 적이 없던 이순신이 하필이면 마지막 전투에서 숨진 것입니다. 그러다 보니 많은 분들이 애석한 마음에 이런저런 해석과 의견을 내놓고 계십니다.

이순신의 죽음에 대한 논란은 조선시대에도 있었습니다. 그러나 첨망대에 서서 관음포를 바라보고 있으면, 그런 분분한 생각보다 경건한 마음이 앞서게 됩니다. 옷깃을 여미듯이 숙연한 마음을 갈무리하게 됩니다.

순천왜성 충무사

이충무공이 있었기에 제가 한국인으로 살아올 수 있었고, 한국어로 말할 수 있었고, 한국어로 글을 쓸 수도 있었다고 생각합니다. 아니, 그분이 없었다면 저의 존재 자체가 없었을지도 모릅니다.

충무공 이순신 장군께 다시 한 번 깊은 감사를 드립니다.

당신처럼 훌륭한 사람은 될 수 없어도, 당신의 업적을 공부하여 조금이라도 더 나은 사람이 되겠습니다. 당신의 희생을 늘 되새기며 감사할 줄 아는 사람이 되겠습니다.

아름다운 남해 바다를 여행할 때마다 당신의 숨결을 느낍니다.

그래서 남해 바다는 더욱 더 장엄하게 다가옵니다.

하루가 저물 듯 전쟁도 저무는데
태양이 저물 듯 영웅도 저무셨다.

이순신과 도요토미 히데요시

a.k.a 풍신수길

이순신을 존경한다면 배우는 자세를 갖자

도요토미 히데요시의 야욕과 제2차 세계대전

이순신을 존경한다면 배우는 자세를 갖자

우리는 이순신에 대해 많은 것을 알고 있다.

그가 당시 세계 최대 규모의 전쟁에서 믿을 수 없을 정도의 승리를 거두었다는 사실,

그럼에도 불구하고 편집증적인 왕의 의심과 동료들의 모함 때문에 괴로워했다는 사실을 알고 있다.

그리고 그가 끝내 누명을 쓰고 고문당한 뒤 굴욕적인 백의종군을 했다는 사실,

감옥에서 풀려나자마자 전쟁터로 달려가서 불가능한 싸움에 목숨을 걸어야 했다는 사실,

덕분에 조선은 살아남았고 명나라는 멸망했으며, 도요토미 히데요시 사후 도쿠가와 이에야쓰에 의해 에도 막부가 수립되었다는 것도 잘 알고 있다.

이순신은 분명 영웅이지만, 그의 찬란한 성과와 고결한 인간성을 찬양하는 데 그쳐서는 안 될 것이다.

그의 뜨거운 충절과 불굴의 의지, 자기희생적 용기라는 추상적인 단어만으로 그의 승리를 설명할 수는 없다.

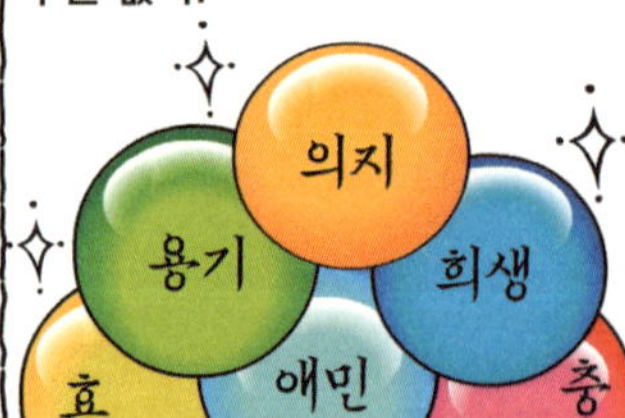

그렇다면 그의 놀라운 승리를 가능하게 한 진짜 요소는 무엇일까? 만약 이것을 제대로 파악하지 못한다면,

그가 이룬 업적의 진정한 의미를 알 수 없을 뿐만 아니라, 이 시대를 살아가는 우리에게 도움이 되는 교훈을 얻지도 못할 것이다.

그래서 이 책에서는 이순신의 업적이 갖는 참된 의의를 알아보고, 그것을 가능하게 했던 요인들을 구체적으로 살펴보았다.

이를 통해서 개인과 사회, 국가의 발전과 위기 극복에 조금이나마 보탬이 되기를 진심으로 바란다.

아래 그림은 태평양 전쟁(1941~1945) 당시 일본이 점령했던 지역이다.

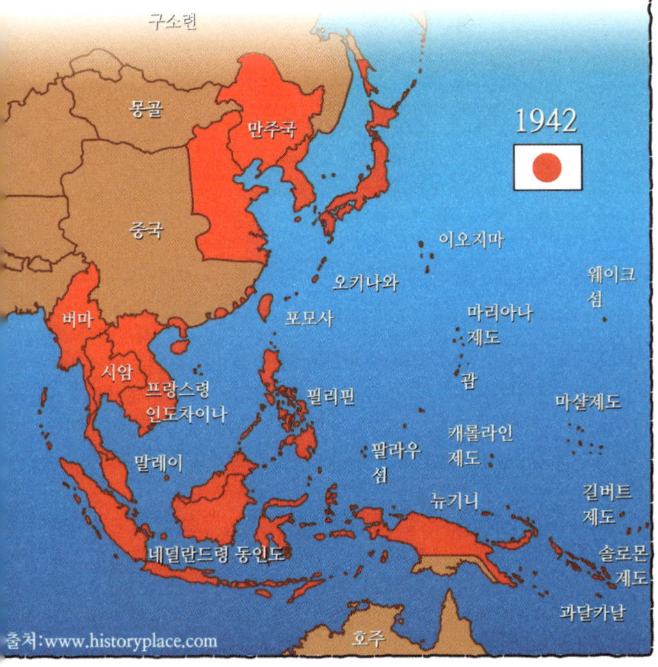

그림과 비슷한 규모의 정복지를 꿈꾸던 사람이 400여년 전 일본에 있었는데, 그가 바로 도요토미 히데요시이다.

임진왜란의 가장 큰 원인은 도요토미 히데요시의 지나친 자신감이었다.

(*프로이스, 일본사)

물론 개인적인 동기만 있는 것은 아니었다. 기록에 의하면 도요토미 히데요시는 일본천하를 통일하는데 공을 세운 부하들에게 나누어줄 봉토를 한국은 물론 명나라와 인도 지역까지 점령하여 해결하려고 하였다.

도요토미 히데요시에 의해 통일된 일본은 더 이상 수많은 무사가 필요하지 않았다.

아시가루 (足軽) : 최하급 무사 또는 용병. 도요토미 히데요시도 아시가루 출신이었다.

하지만 150여 년이나 지속된 내란에서 살아남은 지역 영주들의 세력은 아직도 건재한 상태였다.

'야마오카 소하치' 원작, '요코야마 미쯔테루' 극화의 만화책 '도요토미 히데요시(이길진 번역)'를 보면 히데요시는 일본의 전란을 끝내기 위해 스스로 위대한 장군이 되기로 결심했다고 되어있다.

하지만 그는 일본을 통일하면서 더 큰 전쟁을 하기로 했다.

도요토미 히데요시는 일본을 통일하기 전부터 조선과 명나라를 정복하려는 야망을 가지고 있었던 듯하다.

일본 참모부가 편찬한 <일본전사-조선역>에는 다음과 같은 대화가 실려 있다.

오다 노부나가 사후, 정권을 잡은 히데요시가 1585년(임진왜란 7년전) 7월 11일 관백에 취임한다.

그가 이때부터 이른바 대륙 침략을 구체적으로 추진하였다고 보는 것이 타당할 것이다.[2)]

1587년(덴쇼15, 임진왜란 5년전) 5월, 쓰시마(대마도)의 다이묘 소 요시시게를 대신하여 야나가와 시게노부가 규슈 정복 중의 히데요시에게 항복을 요청하였다.

그리고 도요토미 히데요시를 끝까지 인정하지 않았던 규슈의 강자, 시마즈 요시히사까지 항복하였다.

이 무렵 도요토미 히데요시는 부인에게 다음과 같은 내용의 편지를 보냈다.

이키, 쓰시마 지방까지 인질을 보내어 복종한 일, 또 고려(조선을 말한다-필자주)까지도 일본의 조정에 출사하도록 한 일 등을 빠른 배를 통해 알립니다. 만약 고려에서 일본의 조정에 출사하지 않으면 내년에 처벌을 내릴 것이라고 지시하였습니다. 중국까지도 내가 죽기 전에 손에 넣을 것입니다.[3)]

뿐만 아니라 유규(오키나와), 에스파이나령 필리핀(루손 섬), 포르투갈령 인도, 대만섬의 고산국 등에도 항복 요구 편지를 보내서,

본인에게 항복할 것을 요구하고 이를 받아들이지 않을 시에는 처벌하겠다고 위협하였다.

앞의 지도에서 본 태평양 전쟁 당시 일본의 점령 지역과 참으로 비슷하지 않은가?

도요토미 히데요시

탁월함을 넘어
위대함이 되다
무엇이 이순신을
특별하게 하는가

GOOD TO GREAT

16회 이상의 출동, 23회 이상의 승리

환경의 열악함을 극복한 전쟁과 전투

방어전의 전쟁영웅

16회 이상의 출동, 23회 이상의 승리

불패의 명장 이순신

이순신이 직접 해전에 참여하여 출동한 것은 16회였습니다. 한 번 출동해서 한 번만 전투를 한 적도 있었고, 두 번 이상의 전투를 한 적도 있었습니다. 그래서 이순신이 '23전 23승'을 했는지, 아니면 '30전 30승'을 했는지는 학자마다 조금씩 다릅니다.

어쨌든 이순신은 임진왜란 동안 열 여섯 번 출동해서 단 한 번도 패배하지 않았습니다. 단순히 패배하지 않은 정도가 아니었습니다. 아군의 피해는 최소화하면서도, 적에게는 치명적인 피해를 입혔습니다.

<table>
<tr><th rowspan="2">주4)</th><th colspan="2">일본 수군 피해</th><th colspan="2">조선 수군 피해</th></tr>
<tr><th>침몰</th><th>나포/유실</th><th>침몰</th><th>나포/유실</th></tr>
<tr><td>이순신</td><td>741</td><td>29</td><td colspan="2">42</td></tr>
<tr><td>원균</td><td colspan="2">8</td><td>256</td><td>34</td></tr>
</table>

앞의 표에서 알 수 있듯이, 원균이 당한 단 한 번의 패배는 조선 수군을 궤멸시키다시피 했습니다. 칠천량 앞바다에서 조선 수군의 전부였던 256척의 군함이 침몰하고, 34척이 유실된 것입니다.

원균이 삼도수군 통제사 재임 기간 동안에 세운 전공은 8척의 일본 배를 불태운 것뿐이었습니다. 굳이 이순신과 비교하지 않더라도 결코 훌륭하다고 할 수 없는 업적이었습니다.

이순신의 심신을 극도로 피폐하게 만든 백의종군 이전의 기록을 보면 더욱 놀랍습니다.

이순신은 임진년1592년 4월부터 삼도수군 통제사의 직책을 잃고 감옥에 투옥되던 정유년1596 2월까지, 320척의 왜선을 격침하고 12척을 나포했습니다. 그러나 이 과정에서 아군의 피해는 통선 2척에 불과했습니다.

그 2척의 통선도 아군의 지휘 실수로 서로 부딪혀서 유실되었으므로, 사실상 단 한척의 피해도 없었던 셈입니다.

왜군의 인명 피해가 1만 명을 넘을 때, 조선군의 피해는 사망 38명, 부상 139명뿐이었습니다. 전사한 38명의 이름은 선조에게 올린 이순신의 장계에 모두 기록되어 있습니다.[5)]

38명의 이름은 지위나 신분의 높고 낮음과 상관없이 기록되어 있습니다. 지금으로 치면 이등병의 이름 다음에 대령의 이름이 나오고, 하사 이름 다음에 주임원사의 이름이 나오는 식입니다. 현대의 관점에서 봐도 놀라운데, 당시가 신분제 사회였음을 감안하면 대단히 파격적이었다고 할 수 있습니다.

예를 들어 율포해전 후에 이순신이 조정에 올린 장계에서 사망자를 거론한 부분은 다음과 같습니다.

왜적과 맞붙어 싸울 때 군졸로서 화살과 총알을 맞은 사람 중에 신이 타고 있던 배의 정병인 김말산, 우후선의 방포군인 진무 장언기, 순천 제1선의 사부射夫배귀실, 제2선의 격군인 사노 막대, 보자기 내은석, 보성 제1선의 사부인 관아의 종 기이, 흥양 제1선의 화살 제조 기술자인 관아의 종 난성, 사도 제1선의 사부인 진무 장희달, 여도 사공인 지방 병사 박고산, 격군인 박궁산 등이 총알에 맞아 죽었습니다.

최소한의 피해로 최대의 전과를 올리는 것은 동서양의 전쟁 지휘관들이 가장 바라는 것입니다. 그러나 그것을 실제로 이룬 명장은 세계적으로도 몇 명 되지 않습니다.

환경의 열악함을 극복한 전쟁과 전투

세계 최고의 전쟁사학자가 평가한 이순신

세계적인 역사학자 배리 스트라우스Barry Strauss[6]는 미 육군 계간지 2005년 여름호[7]에 '한국의 전설적인 장군Korea's Legendary Admiral'이라는 기사를 실었습니다. 그 기사의 첫머리는 이렇게 시작합니다.

하지만 그래도 초라한 지휘관은 섭정을 이겼고,

쉽게 따돌렸으며, 결국 왕국의 진로가 바뀌었다.

그 한국 제독의 이름은 이순신1545~1598이다.[8)]

임진왜란은 당시 세계 최대 규모의 전쟁이었습니다.

일본이 동원한 군사만 30만이 넘는 총력전이었습니다. 일본은 국가의 최고 지도자가 조선의 네 배 이상 되는 국력과 100년 동안의 내전으로 발달된 전쟁 기술, 장비, 숙련된 전투원을 총동원하였습니다.

그에 비해 조선은 시작부터 문치주의를 표방하는 나라였습니다. 특히 건국 후 200년 동안이나 평화가 이어졌습니다. 나름의 군대가 있었지만 육군 중심의 체제를 가지고 있었습니다.

이런 조선의 해군이, 그나마도 총사령관도 아니고 지역의 제독 정도에 지나지 않는 지휘관이 일본의 국력이 총동원된 공격을 막아내야 했습니다. 이보다 열악한 환경을 극복한 승리는 세계적으로도 흔치 않습니다.

이순신은 이와 같은 위대한 승리의 주인공임에도 불구하고 오랫동안 변방에 머물러 있어야 했습니다. 그가 역사의 중심이 된 것은 임진왜란이 일어난 뒤였습니다.

이순신의 관직 생활

이순신의 관직 생활은 다음 페이지의 그림과 같았습니다.[9)]

노란색 숫자는 조선의 관직 품계를 숫자로 바꾼 것입니다. 가장 높은 품계인 정 1품을 17로, 가장 낮은 품계인 종 9품을 1로 표시하였습니다. 0은 파직되었음을 의미하고, ?는 품계가 분명하지 않은 경우입니다.

예를 들어, 맨 오른쪽 아래에 적힌 14는 전라좌수사의 품계인 정3품을 나타냅니다.

무과시험 급제
(32세)
권지훈련원 봉사

권지훈련원 봉사란 서울에 있던 훈련원이라는 관청의 실습생이라는 뜻이죠~ 지금의 공무원 시보 또는 연수생과 비슷한 것이었습니다.

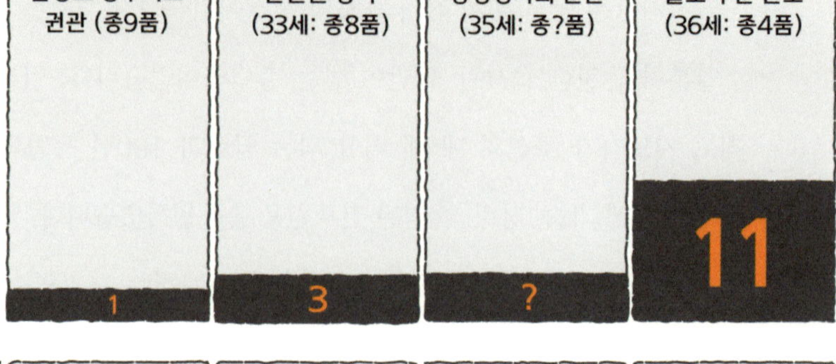

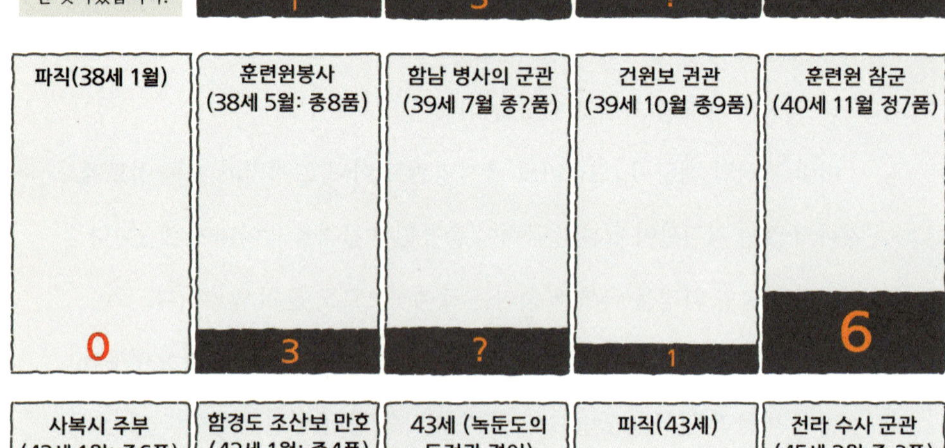

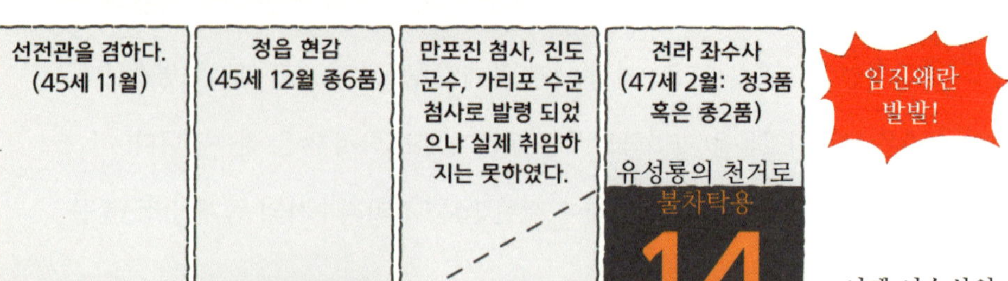

이때 이순신의 계급이 낮았으면 큰일날 뻔....

불차탁용(不次擢用) : 뛰어난 인재를 발탁하여 여러 계급을 올려서 씀.

방어전의 전쟁 영웅

방어전의 전쟁 영웅

이순신은 사람의 목숨을 빼앗는 영웅이 아니라 사람의 생명을 지키는 영웅이었습니다.

이순신은 침략 전쟁을 하지 않았습니다. 지키기 위한 전쟁, 방어를 위한 전쟁을 했을 뿐입니다. 임진왜란과 함께 역사의 전면에 등장한 이순신은

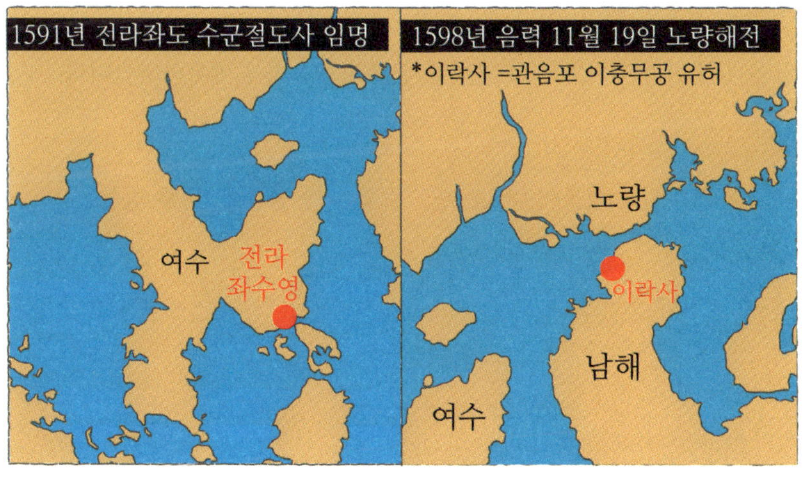

임진왜란의 종결과 함께 역사의 무대에서 사라졌습니다.

어떤 분들은 이순신이 여느 지휘관들처럼 군법의 범위 내에서 조선 사람을 참하기도 했고, 교묘한 계략을 동원하기도 했으며, 적을 붙잡아 효수梟首한 일도 많았고, 동료 지휘관들과 군공을 다투기도 했기 때문에 탁월한 전략가는 몰라도 성웅聖雄은 아니었다고 주장합니다.

과연 그럴까요?

이순신이 적을 붙잡아 효수한 일이 많았던 것은 맞습니다. 그러나 그는 부하들에게 전투 시에 적의 머리를 베는 것보다 적선을 깨뜨리는 데 집중하라고 당부했던 지휘관이었습니다.

당시 적의 수급首級, 즉 머리는 전공을 평가하는 근거였습니다. 그러나 이순신은 적의 수급을 베는 데만 골몰하는 원균을 비웃기도 하고, 자신이 확보한 수급을 중국 장수들에게 양보하기도 하였습니다.

앞서 밝힌 대로 이순신은 침략전이 아니라 방어전의 영웅이었습니다. 백성과 인명을 중시하였으며, 전쟁터에서 공을 세우거나 부상당한 사람들을 신분이나 지위에 따라 차별하지 않고 평등하게 예우하였습니다.

이런 이순신이 성웅이 아니라면, 대체 누가 성웅이 될 수 있을까요?

알아보자

이순신은 누구보다 정보를 중시했다

이순신은 군량 확보에 사활을 걸었다

속도의 극복 : 원거리 함포전과 거북선

신상필벌과 커뮤니케이션

지형지물의 정확한 파악 및 이용

이순신은 누구보다 정보를 중시했다

지피지기知彼知己 백전불태百戰不殆

조정에 올리는 보고서라 할 수 있는 이순신의 장계를 살펴봅시다.

탐색을 보냈던 전선들이 곧 바다 어귀에서 배를 돌려 나오면서 신기전을 쏘아 왜적이 있으니 속히 오라는 신호를 보내왔습니다.[10)]

9일에는 가덕에서 안골포로 향해 가는데, "안골포에 왜선 40여 척이 정박해 있다"고 탐망선이 와서 보고하였습니다.[11)] 견내량파왜병장

이날 오후 8시경에 금단곶으로 보냈던 탐망군 경상 우수영 수군 허수광이 돌아와서 이렇게 보고하였습니다.[12)] 견내량파왜병장

그래서 가덕도 북쪽 서안 배들을 감추어 두고, 방답 첨사 이순신과 광양 현감 어영담에게 가덕 바깥쪽으로 가서 숨어 있으면서 양산 쪽의 적선을 탐망하도록 하였더니…[13)] 부산파왜병장

사량도 권관 이여념이 사로잡은 왜적 오도동을 신문해 보았더니…[14]

부산파왜병장

이날 새벽에 좌도와 우도의 체탐군을 정하여 영등포 등지로 보냈다.[15]

난중일기

20일 계유 맑음. 새벽에 대금산 척후병이 와서 보고하는데 역시 영등포 척후병과 같았다.[16] 난중일기

6일 정사 맑음. 새벽에 척후병이 와서 보고하는 내용에, "견내량에 적선 10여척이 넘어왔다"고 했다.[17] 부산파왜병장

이순신이 남긴 기록들을 보면 그가 얼마나 정보를 중시했는지 알 수 있습니다. 그는 끊임없이 척후선과 탐망선을 내보냈고 그들의 보고에 귀를 기울였습니다. 이렇게 확보한 정보가 있었기에 연전연승할 수 있었습니다.

칠천량에서 조선 수군이 궤멸당했던 가장 큰 이유도 여기에 있습니다. 원균의 조선 수군은 왜군이 기습하는 줄도 모르고 있다가 철저하게 유린당했던 것입니다. 단 하룻밤의 방심이 수백 척의 군함과 수많은 군인들을 죽음으로 몰아넣었습니다.

이순신이었다면 배로 두 시간 이내 거리에 거미줄처럼 탐망선을 뿌렸을 것입니다. 그러나 원균은 그렇게 하지 않았습니다.

이순신은 지형 정보도 소홀히 하지 않았습니다. 물길과 뱃길에 밝은 어영담을 중용했던 것입니다. 정박할 필요가 있지만 지리적으로 불리하다고 판단되면 주변에 탐망선을 깔아놓고 배 위에서 잠을 잤습니다.

이순신의 난중일기에 가장 많이 나오는 단어는 '…보고하기를', '…들으니', '…고 하였습니다', '…를 상세히 물으니' 등입니다. 이순신은 그 정도로 정보에 목말라했고, 관심과 주의를 놓치지 않았습니다.

이순신은 군량 확보에 사활을 걸었다

이순신은 병참의 중요성을 알고 있었습니다

로마군은 병참으로 이긴다는 말이 있습니다.

이순신 역시 병참을 중시했습니다. 군수물자를 확보하기 위해 백방으로 노력했습니다. 조정의 지원과 원조를 호소하기도 했습니다.

이렇게 바다 위에서 굶주리고 병들어 있는 군졸들을 데리고 저 소굴 속에 들어앉아 쉬고 있는 왜적들을 치려고 아무리 생각해 봐도 전혀 계책이 서지 않아서 공연히 흥분해하고 있을 따름입니다. 이런 답답한 정상을 우선 간략히 설명 드리는 바이니, 조정에서는 각별히 요량하여 선처해 주기를 엎드려 바라옵니다. 이충무공전서 2, 진왜정장, p.1593

배와 노가 아무리 많아도 격군이 모자란다면 무슨 수로 배를 운행할 수 있을 것이며, 또 격군은 채워지더라도 군량이 떨어진다면 무엇으로 군사를 먹이겠습니까? … 부디 앞으로는 삼도 수군에 소속된 연해안 각 고을에서 징집하는 장정들과 군량과 병기들은 모두 함부로 육군 소속으로 이동시키지 말고 수군에만 전속시키도록 도원수와 삼도 순찰사들 모두에게 다시 한 번 각별히 신칙해 주시기를 엎드려 바라옵니다.[19] 이충무공전서, 청연해군병량기전속주사장

〈연해안 고을의 군사, 군량, 병기를 다른 곳으로 옮기지 말도록 해주시기를 청하는 장계청연해군병량기물령체이장請緣海軍兵糧機勿令替移狀〉[20], 〈군량을 조처해 주시기를 청하는 장계청조획군량장請措獲軍糧狀〉[21] 등을 비롯해서, 위와 같은 장계들은 어렵지 않게 찾아볼 수 있습니다.

물론 이순신의 자구 노력도 필사적으로 이루어졌습니다. 무능한 조정이 군량을 공급해줄 거라는 기대를 할 수가 없어서였습니다. 임진왜란 당시의 식량 사정은 차마 글로 묘사하기 힘들 정도로 처참했습니다.

이순신은 둔전관 경험을 살려서 스스로 군량을 해결하려고 했으며, 어느 정도 성공을 거두기도 했습니다.

여러 섬들에 있는 비어 있는 목장에 명년 봄부터 농사를 짓되 농군은 순천, 흥양의 유방군방위군을 동원하고 그들이 전시에는 나가 싸우고 평소에는 들어와서 농사를 짓게 하자는 내용으로 이미 장계를 올렸으며…그밖에 남은 빈 땅은 백성들에게 나눠주고 병작케 하면서 그곳의 말들은 절이도지금의 고흥군 금산면 거금도로 옮겨 모은다면, 말을 기르는 데에도 손해될 것이 없고 군량 조달에도 도움이 될 것입니다… 그러나 농군을 동원할 길이 없으니 백성들에게 나누어 주어 병작하게 하고 관에서는 그 반만 거두어들이더라도 군량에 큰 도움이 될 것입니다…그리고 돌산도에 있는 국가 소유의 둔전은 묵어 있은 지 벌써 오래된 곳인데, 그곳을 경작하여 군량에 보태야겠다는 뜻으로 장계를 올렸습니다…그리고 20섬의 종자를 뿌릴 만한 면적의 본영 소유 둔전에 늙은 군사들을 뽑아내어 경작시켜서 그 소질을 시험해 보았더니, 수확한 것이 정조正租로 5백 섬이나 되었습니다. 앞으로 종자로 쓰려고 본영 성내 순천 창고에 받아들여 놓았습니다.[22] 청설둔전장 1593. 윤 11.17

앞의 글은 둔전 설치를 청하는 장계입니다. 장계狀啓는 조선 시대에 지방에 파견된 벼슬아치가 조정과 왕에 바치는 보고서입니다.

이순신이 열악함을 어떻게 극복해나가는지를 잘 알 수 있습니다. 쓸모없는 것으로 치부되던 것들도 이순신의 지휘 하에서는 모두 활용 가능한 자원이 되었습니다. 최소한의 자원으로 최대의 효과를 거둔 것입니다.

임진왜란 시기에는 대부분의 백성들이 극심한 기아에 시달렸습니다. 부모가 굶어 죽은 자식을 잡아먹을 정도였으니까요. 이런 상황에서도 이순신은 병사들이 최대한 굶주리지 않도록 군대를 운용하였습니다.

임진왜란 당시 국가가 백성들에게 땅을 경작하게 할 경우, 약 절반을 토지 임대료로 받았다는 사실도 이순신의 장계를 통해 확인할 수 있습니다.

회계사만큼이나 치밀하고 정확한 장수

이순신은 군량 뿐 아니라 일상에서도 매우 구체적이고 꼼꼼한 성격이었습니다. 그리고 숫자에 능했습니다.

태어날 때부터 숫자에 능했을 수도 있지만, 국가 재산에 대한 책임감과 유교적 현실주의가 더 큰 이유였을 것입니다. 그는 유학에 능했지만 물질의 중요성도 철저하게 체득하고 있었습니다.

26일 기유 큰 비가 오고 남풍이 세게 불었다. … 순천의 군량 150섬 9말을 받아 의능의 배에 실었다.[23)]

초2일 신미 맑음. 새벽에 지휘선을 출항시켰다. 재목을 끌어내릴 군사 1,283명에게 밥을 먹이고서 끌어내리게 했다. 충청 수사, 우수사, 경상 수사와 두 조방장이 함께 와서 종일 이야기하다가 헤어졌다.[24)] 난중일기

6일 계유. 비가 계속 내렸다. 오수가 청어 1,310두름을, 박춘양은 787두름을 바쳤는데, 하천수가 받아다가 말리기로 했다. 황득중은 202두름을 바쳤다.[25)] 난중일기

22일 을사 맑음. 전선을 만들기 위해 자귀질을 시작하였는데, 목수가 214명이다. 물건 나르는 사람은 본영에서 72명, 방답에서 35명, 사도에서 25명, 녹도에서 15명, 발포에서 12명, 여도에서 15명, 순천에서 10명, 낙안에서 5명, 흥양과 보선에서 각 10명이었다. …[26] 난중일기

그의 꼼꼼한 성격은 위의 일기들에서도 잘 드러납니다.

마치 회계사의 글을 보는 것 같지 않나요? 특히 위에서 두 번째, 을미년에 쓴 일기를 읽고 할 말을 잃고 말았습니다.

저라면 그냥 "재목을 끌어내릴 군사 1,000여 명에게 밥을 먹이고…"라고 썼을 겁니다. 조금 더 정확히 써봤자 "1,200명 또는 1,300명에게"라고 썼을 것이고, 더 정확히 쓰더라도 "1,280명에게"라고 했을 것입니다. 그러나 이순신은 "재목을 끌어내릴 군사 1,283명에게" 라고 썼습니다.

숫자에 대한 이순신의 집착(?)은 임진왜란 후반부로 갈수록 더 심해졌습니다. 아마 전쟁이 길어질수록 물자 부족이 첨예한 문제가 되었고, 그에 따라 일기에도 그만큼 자주 등장한 것이 아닌가 생각됩니다.

속도의 극복 : 원거리 함포전과 거북선

이순신의 과제 : 약점을 강점으로 전환하라!

이순신은 일본 전함보다 느린 조선 전함의 속도를 극복하고, 일본 수군의 등선육박 전술을 깨뜨려야 했습니다. 조선 전함의 강점들은 동시에 치명적인 약점이었던 것입니다.

속도의 극복 : 원거리 함포전

조선 전함이 일본 전함보다 뛰어났다고만 알고 있는 분들에게는 이러한 이순신의 고민이 낯설게 느껴질 지도 모르겠습니다.

이순신이 남긴 기록들은 전투의 경과, 전략의 진형구조 등을 파악하는 데는 유용하지만, 전투의 구체적 모습을 추측하기는 어렵습니다. 이순신은 꼼꼼하고 정확했지만, 해전에 대한 구체적인 묘사와 기술記述 방식은 지금과 달랐기 때문입니다.

최초의 해전이라 할 만한 옥포해전을 살펴보겠습니다.

> … 그리하여 양쪽으로 에워싸고 대들면서 대포를 쏘고 화살을 쏘아 대기를 마치 바람처럼 천둥처럼 하자, 적들도 조총과 화살을 쏘아대다가 기운이 다 떨어지자 배에 실고 있던 물건들을 바다에 내던지기에 정신이 없었는데, 화살에 맞은 놈은 부지기수였고, 바다 속으로 뛰어들어 헤엄쳐서 달아나는 놈도 얼마나 되는지 알 수 없었습니다. …[27] 옥포파왜병장

이번에는 사천포 해전의 전투 기록을 보실까요?

… 그래서 먼저 거북선으로 하여금 적선들 속으로 돌진해 들어가서 천,지,현,황 등 각종 대포를 쏘도록 지시했습니다. 그러자 산 위와 언덕 아래에 있던 왜적들과 세 곳에 모여서 배를 지키던 왜적들도 총알을 쏘아댔는데, 어지럽기가 마치 빗발치듯 했습니다.

그 가운데는 간혹 우리나라 사람도 저들과 섞여서 쏘았으므로, 신은 더욱 분하여 노를 재촉하여 앞으로 나가서 적의 배를 공격하자 여러 장수들도 일제히 구름처럼 모여들어 철환, 장편전, 피령전, 화전, 천자, 지자 대포들을 비바람이 몰아치듯이 쏘아대며 저마다 있는 힘을 다하니, 그 소리가 천지를 뒤흔들었습니다.

적들은 중상을 입고 엎어지는 놈, 부축해서 끌고 달아나는 놈들이 부지기수였습니다. 그리고는 회각하여 높은 언덕에 모여서는 감히 앞으로 나올 생각을 못했습니다. …[28] 당포파왜병장

이순신의 기록이 전투의 모습을 추측하는 데 큰 도움을 주는 경우도 많습니다.

이순신의 보고서장계狀啓 중에 특히 왜군을 깨트린 전투 보고서인 '율포파왜병장', '당포파왜병장' 등은 그 분량이 적지 않습니다. 그 보고서들은 적을 만나기 전의 상황, 적 발견의 구체적 과정, 적의 동태와 모양, 선단 규모 등의 기술, 아군이 어떤 작전을 결정한 이유, 구체적인 전투 상황, 전투 후의 과정, 전리품이나 포로들의 처리 내용, 사상자의 확인과 관리, 전공자의 표창과 보고까지 포함하고 있습니다.

이순신은 단순히 적들에게 '비처럼 바람처럼' 혹은 '구름처럼 대포를 쏘아대서' 이긴 것처럼 보입니다. 그가 한자로 기록한 표현들이 갖는 한계 때문이지요. 한편으로는 그것이 사실이기도 합니다.

하지만 그렇게만 본다면, 승승장구하던 조선 수군이 칠천량 해전에서 궤멸에 가까운 참패를 한 이유가 속시원히 설명되지 않습니다. 지휘관이 이순신에서 원균으로 교체된 것 말고는 모든 게 똑같았으니까요.

이순신이 320척의 적선을 격파하고 12척을 나포하는 동안 아군 선박의 피해는 어떻게 단 한 척도 없었을까요?

그것을 알려주는 탁월한 책이 있습니다. 이순신 역사 연구회가 만든 『이순신과 임진왜란』이라는 책입니다.

이 책의 1권은 이순신이 근대적 함대전에 쓰이는 주요 전략을 수백 년이나 먼저 사용했다고 말하고 있습니다. 이순신의 해전은 일시집중타법이 동원된 근대적인 함포전이었던 것입니다.

임진왜란 혹은 중세시대의 해전에서는 주로 '등선육박' 전술이 사용되었습니다. 등선육박登船肉薄 전술이란 상대의 배로 올라타든, 기어타든, 건너뛰든, 무슨 수를 써서라도 일단 상대의 배로 건너가서 백병전을 하는 전술을 뜻합니다. 고대로부터 근대에 이르기까지, 동서양에서 벌어진 대부분의 해상 전투가 이런 식으로 치러졌습니다.

이렇게 등선육박 전술로 상대를 초토화한 후에, 또는 선제 공격을 하면서 상대의 배에 불을 지르는 방법이 병행되었습니다. 하지만 이렇게 불을 지르는 방법은 승리의 주 전략이 아니라 보조 전략이었습니다.

세계적으로 선풍적인 인기를 끌었던 조니뎁Johnny depp 주연의 영화 '캐리비언의 해적Pirates of the Caribbean'에 나오는 해상 전투 장면을 연상하시면 됩니다. 이 영화에서도 선박 간의 함포전이 등장하지만, 결국 등선육박 전술로 마무리됩니다.

이와 같이 근세에 들어와서도 등선육박 전술은 일반적인 해상 전투 방식으로 널리 활용되었습니다.

함포는 예전에도 있었습니다. 그러나 함포는 함포전을 이해할 때 비로소 진정한 위력을 발휘합니다. 함포전을 제대로 이해하고 극적으로 활용한 이가 바로 러일 전쟁을 승리로 이끈 일본의 도고 헤이하치로 Togo Heihachiro 제독입니다. 이후 태평양 전쟁 때까지, 그의 함포전 전략이 해상 전투의 교과서로 통했습니다.

세계 열강이 식민지 개척에 바탕한 제국주의로 각축전을 벌이던 20세기 초가 바로 함포전의 절정기였습니다.

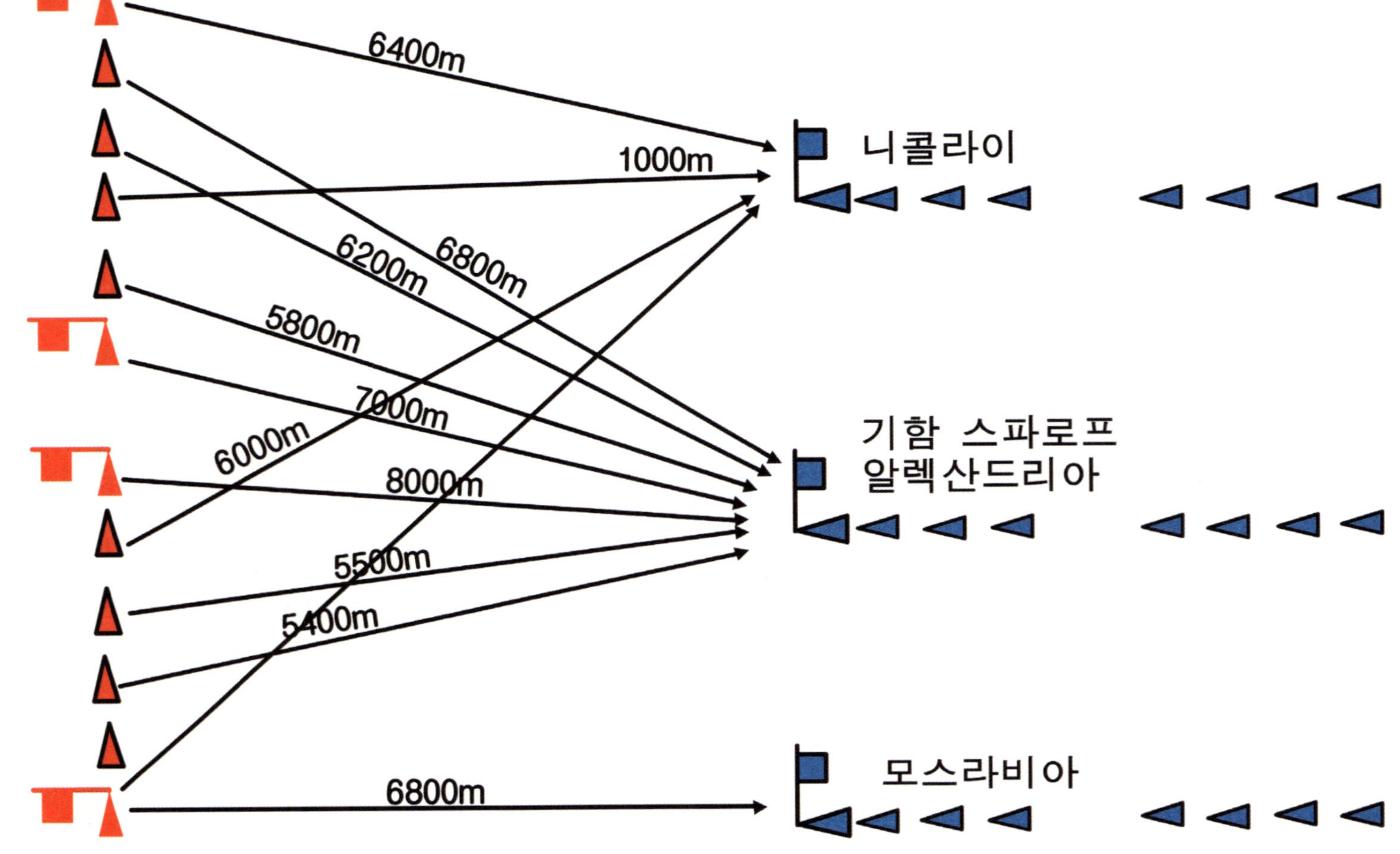

6400m
니콜라이
1000m
6200m
6800m
5800m
7000m
기함 스파로프
알렉산드리아
6000m
8000m
5500m
5400m
6800m
모스라비아

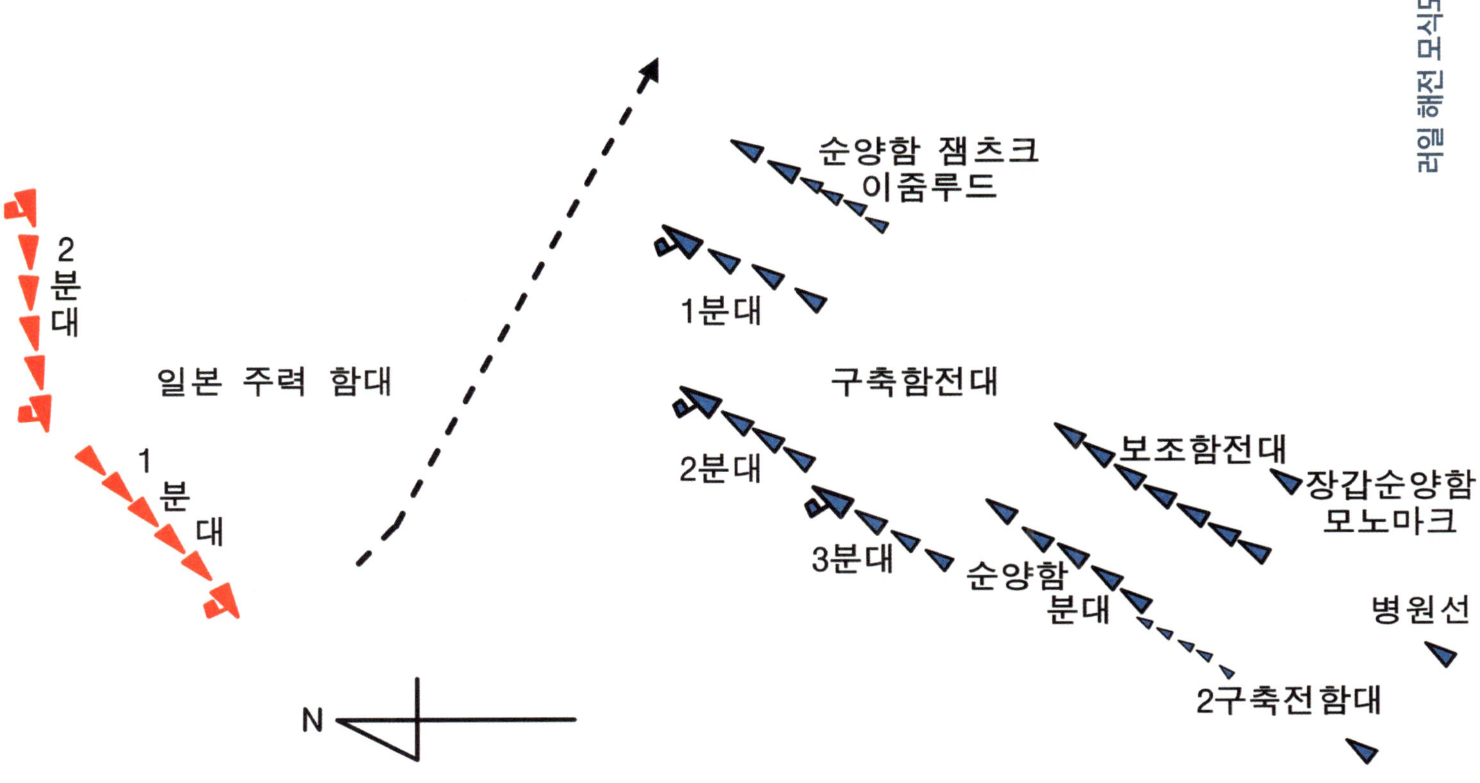

2분대
1분대
일본 주력 함대
N
순양함 잼츠크
이줌루드
1분대
구축함전대
2분대
3분대
순양함
분대
보조함전대
장갑순양함
모노마크
병원선
2구축전함대

러일 해전 모식도[29)]

도고 제독의 함포전은 일본의 해전사史 연구에서 비롯되었다고 합니다. 『이순신과 임진왜란』은 이러한 기록들을 토대로 도고 제독의 함포전이 이순신으로부터 비롯되었다고 보고 있습니다.[26)]

두 배 이상의 규모의 러시아 함대를 한 번의 전투로 궤멸시킨, 그래서 러시아에 결정타를 날린 쓰시마 해전일본해 해전: 1905년 5월 27-28일의 전투 양상은 앞 페이지206~207페이지의 그림과 같습니다.

저 유명한 한산대첩의 양상도 그와 비슷했습니다. 이순신은 한산도해전 승리 후에 다음과 같이 장계를 올려서 전투의 경과를 보고하였습니다.

… 그래서 쫓아가 보니 큰 배 36척, 중간 배 24척, 작은 배 12척이 진을 치고 정박해 있었는데… 먼저 판옥선 5,6 척으로 선봉의 왜적들을 쫓아가 공격할 기세를 보이도록 하자, 여러 배의 왜적들도 일제히 돛을 올리고 쫓아왔습니다. 그때 우리 배가 일부러 물러나서 돌아오니 왜적들은 끝까지 쫓아 와서 바다 가운데로까지 나왔습니다.

이때 다시 여러 장수들에게 학의 날개를 편 듯한 모양의 진형을 이루어 일제히 진격하라고 명령을 내리니, 각각 지자, 현자 등 각종 총통을 쏘아대어 먼저 적선 2, 3척을 깨뜨렸습니다. 그러자 여러 배의 왜적들은 기가 꺾이어 도망가기 시작했습니다.

그때 모든 장수와 병사들 그리고 군관들은 승리한 기세를 타서 펄쩍 펄쩍 뛰면서 서로 앞다투어 돌진해 들어가서 화살과 총탄을 교대로 쏘아댔는데, 그 형세는 마치 바람 불고 천둥치듯 했습니다. 그래서 적의 배를 불태우고 왜적을 사살하기를 한꺼번에 해치워 버렸습니다. …[30)]

견내량파왜병장

여기에도 '바람 불고 천둥치듯'이라는 표현이 나옵니다. 이것은 한꺼번에 화력을 쏟아붓는 모습을 묘사한 것입니다. 다만 적의 배가 포탄에 의해 폭발이 되었다기보다, 폭발력은 없지만 관통력이 강한 육중한 포탄들에 배들이 깨져나갔다고 봐야 합니다. 영화나 드라마에서 포탄이 폭발하는 것은 시각적인 쾌감을 위한 장치일 뿐입니다.

거북선과 판옥선은 한 면에 6개의 포혈을 가지고 있었습니다. 머리와 꼬리에도 2문이 있었으므로 좌우 6개씩 12개, 그리고 앞뒤로 2개를 더해 모두 14개의 포혈을 가지고 있었습니다.

만약 일본 함선이 20군데 이상 부서지면 침몰한다고 칩시다. 이 배에 4척의 판옥선이 각각 6발씩 집중해서 쏘면 침몰시킬 수 있습니다. 두세 척을 깨트리기 위해선 4척이 아니라 8척에서 12척이 필요합니다. 사격의 정확도 등을 고려하면 더 많은 배가 전방의 두세 척에 집중타격을 가했을 것입니다.

함포를 선두의 적선에 집중하지 않고 분산해서 쏘았다면 어땠을까요?

적선의 피해가 없지는 않겠지만, 침몰하지만 않았다면 계속해서 밀고 들어왔을 것입니다. 적군의 목적은 아군의 배에 등선육박하는 것이니까요. 파손된 적선도 전투가 끝난 후에 수리하면 그만입니다. 적의 전력이 고스란히 되살아나는 셈입니다.

이런 원리를 좀 더 쉽게 설명해 드리겠습니다.

아래 그림은 미군이 태평양전쟁 때 활용한 전술을 설명한 것입니다.

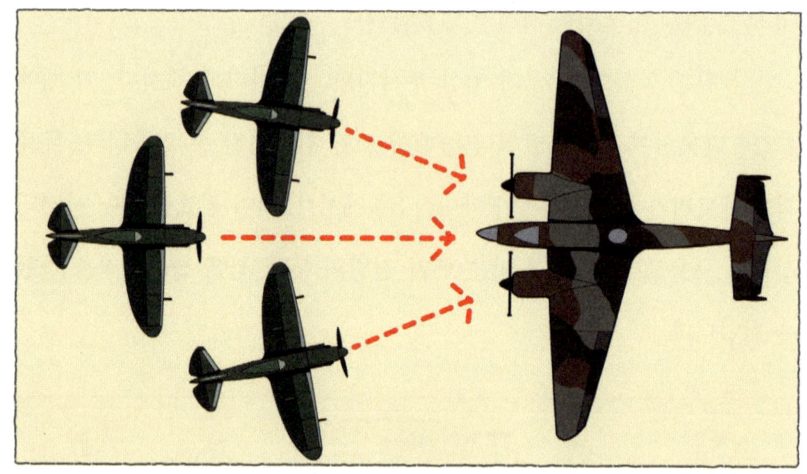

일본군 사령부는 상대의 숫자가 어떻든 간에 일본기 1대가 격추되는 동안 미군기도 1대 격추시킬 수 있다고 생각했습니다. 그래서 미군기의 숫자에 관계없이 무조건 돌격하라고 명령했습니다. 그러나 미 공군은 3대 1의 수적 우위가 확보되지 않을 경우엔 도망치라고 지시했습니다.

미군기 3대와 일본기 1대가 공중전을 벌인다고 생각해봅시다. 전투기 1대의 화력이 1이라면, 일본기는 3의 공격을 받게 됩니다. 1X3=3

그러나 미군기는 일본기 1대의 화력을 3대가 나누어 받기 때문에1/3의 공격을 받습니다.1÷3=1/3 일본기가 3의 공격을 받을 때 미군기는 1/3의 공격만 받는 것입니다.

이것을 수식으로 나타내면 3 : 1/3 = 9 : 1이 됩니다. 3:1이 제곱되어 9:1이 되는 것입니다. 란체스타라는 영국인이 이 원리를 찾아냈기 때문에 '란체스타 제곱비의 원리'Lanchester's Square Law라고 부릅니다.

실제로 일본기 1대가 격추되는 동안 미군기는 1/9대만 격추되었습니다. 이것은 미군기는 경미한 손상만 입고 기지로 돌아가서 고쳤다는 말도 됩니다.[31]

천지를 울리는 폭발음이 한꺼번에 터져나오자마자 앞에 있던 배들이 산산조각나 침몰하는 장면을 본 왜군들은 어떤 기분이었을까요? 당시의 최첨단 테크놀로지였던 화약 무기를 본 적도 없었던 왜군들이, 그로부터 수백 년 뒤에나 일반화되는 함포전의 한가운데에 내던져진 셈입니다. 그들이 느낀 혼란과 공포는 분명 상상 이상이었을 것입니다.

조총보다 사거리가 월등한 함포를 집중 포격하는 전술에도 한계가 있었습니다. 육중한 천자포탄, 지자포탄 등으로 좀 더 정확하게 적선을 타격하기 위해서는 가까이 접근해야 했던 것입니다.

이를 위해 투입된 배가 바로 거북선입니다. 거북선에 관해서는 나중에 다시 말씀드리겠습니다.

이순신의 해전은 왜군의 등선육박 전술을 원천적으로 차단하는 해전이었습니다. 그리고 수백 년 뒤에나 등장하는 함포전이었습니다. 대부분의 왜군은 바다에 빠져 익사했으며, 운좋은 일부만이 인근 섬으로 헤엄쳐 달아날 수 있었습니다.

당시 조선의 전공 기준 중 하나가 왜군의 목을 얼마나 베었느냐였습니다. 원균은 도주하는 왜병들의 목을 베는 데에 혈안이 되어 있었습니다. 그런 원균을 이순신이 한심하게 바라보았다는 기록이 있습니다.

속도의 극복: 거북선과 판옥선

전쟁사에 이름을 남긴 명장들이 가장 중시한 것 중의 하나가 속도입니다. 명장들은 이밖에도 다음과 같은 공통점이 있습니다.

그래서 기병을 극적으로 활용한 알렉산드로스알렉산더가 인류 역사상 최초의 전쟁영웅으로 꼽히는 것입니다. 그후 기병의 전술적 중요도는

계속해서 높아져 갔습니다. 육전에서는 말을 탄 기병이 '속도'를 좌우하기 때문입니다. 속도가 빨라야 포위 전술이 가능합니다.

카이사르는 기마병뿐만 아니라 보병을 포함한 아군 전체의 행군 속도도 중시하였습니다. 갈리아 군보다 먼저, 갈리아 군의 예상보다 빨리 요충지를 선점하여 싸우기 위해서였습니다.

전투기가 발명된 후에는 기병이나 전차의 역할이 전투기로 넘어갔습니다. 항공모함도 전투기의 정류장이 옮겨 다니는 것입니다. 그래서 이런 기동성을 극대화하기 위해 공중 모함이라는 개념까지 등장했습니다. 물론 대포와 미사일은 이러한 측면에서도 가장 중요한 무기입니다.

이순신은 1591년에 전라좌수사로 부임했습니다. 그는 이때부터 본격적으로 일본의 침입에 대비하기 시작했습니다. 이때 거북선도 건조했습니다.

이순신은 그때까지 일본군과 직접 해전을 한 적이 없었습니다. 그래서 왜구들의 전투 방식을 연구하고 또 연구했을 것입니다.

왜구의 침략은 고려 말부터 조선 초에 이르는 시기에 가장 심했습니다. 이때 우리 민족이 입은 피해는 결코 작지 않았습니다.

왜구일본 정규군이 아닌 일본 해적들은 조선 배가 나타나면 일단 빠르게 접근한 뒤, 예의 등선육박 전술로 우리 배에 올라탔습니다. 이때문에 조선 함선의 선체가 계속해서 높아졌습니다. 왜구들이 올라타지 못하게 하기 위해서입니다. 이것이 바로 판옥선입니다.

나중에는 아예 판옥선을 덮개로 덮어 버렸습니다. 그것도 모자라서 그 덮개에 칼과 못을 박았습니다. 등선육박의 가능성 자체를 없애버린 것입니다. 이것이 바로 거북선입니다.

임진왜란 때 일본은 왜구일본 해적 세력을 상당 부분 흡수하여 정규군으로 편성하였습니다. 이들이 조선 침략에 동원된 것은 물론입니다.

그래서 일본의 해전 전략은 기본적으로 다음과 같았습니다.

빠르게 다가가서 배에 기어오를 수만 있다면, 아니 올라가지 못하더라도 근접전만 할 수 있었도 충분했습니다. 가까운 거리에서는 조총이 큰 위력을 발휘하기 때문입니다.

올라갈 수 있으면 더 좋았습니다. 당시 일본군은 100여 년 동안 지속된 내전으로 단련된 '전투 기계'였기 때문입니다. 그러므로 육지에서든 바다에서든, 일본군과 백병전을 벌이면 당해낼 수가 없었습니다.

이때문에 조선 수군의 주력함인 판옥선은 시간이 갈수록 점점 더 크고 높아졌습니다.

그러자 또 다른 문제가 생겼습니다. 속도가 너무 느려진 것입니다.

속도에 대한 대처

이순신 장군은 이 문제를 어떻게 해결했을까요?

첫째, 정보의 질과 양을 늘렸습니다. 적의 위치를 먼저 파악하면 적이 접근하기 전에 전투를 개시할 수 있기 때문입니다. 그래서 무수히 많은 탐망선과 척후선을 동원하여 정보를 수집했습니다.

둘째, 한 노에 붙는 격군들의 수를 늘렸습니다. 노의 동력을 증가시켜 배의 속도를 올린 것입니다. 하나의 노에 네 명이 붙는 것과 다섯 명이 붙는 것은 분명 다를 테니까요.[32)]

셋째, 평저선인 판옥선과 거북선의 회전력을 극대화하는 전술을 펼쳤습니다. 대표적인 전술이 바로 학인진입니다. 학익진은 바다에서 포위섬멸전을 하기 위한 최선의 진형이었습니다.

이뿐만이 아닙니다. 이순신은 속도가 느리지만 회전력이 좋은 평저선의 특징을 살렸습니다. 발상의 전환을 통해 약점을 강점으로 바꾼 것입니다.

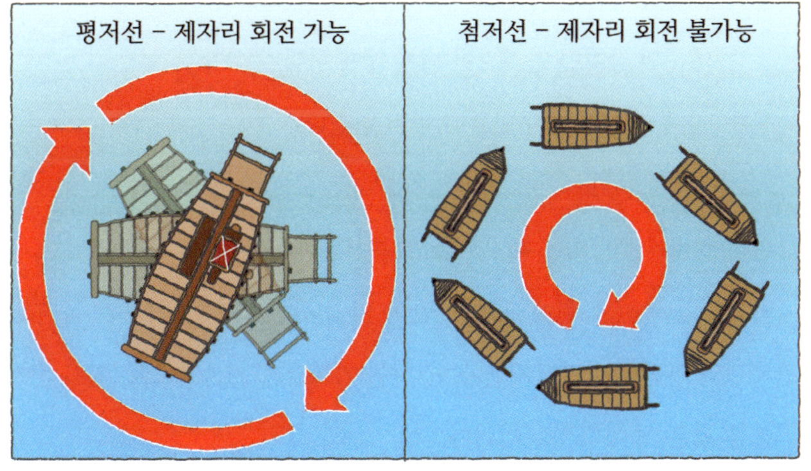

판옥선은 밑바닥이 평평한 평저선이었습니다. 평저선은 속도가 느린 것이 단점이지만, 회전반경이 0에 가깝기 때문에 제자리에서 방향 전환을 하기 쉽습니다.

학익진의 포위 전술은 이러한 평저선의 회전 효율성을 극대화한 전술이었습니다. 직진할 때는 빠르지만 회전 시에는 큰 원을 그리며 돌아야 하는 첨저선과는 달리, 평저선은 거의 제자리에서 회전하고 방향을 바꿀 수 있기 때문입니다. 이러한 학익진은 특히 한산도 대첩에서 유감없이 위력을 발휘하였습니다.

근접전, 혹은 올라와서 백병전을 벌이는 상황에 대한 대처

첫째, 판옥선의 높이를 조금 더 높인다.

둘째, 대포를 설치하여 원거리 포격전을 벌임으로써,

왜군의 장기인 근접전이 되지 않게 한다.

셋째, 아예 배에 지붕을 만들어 덮어 버린다.

위의 셋째에 해당하는 배가 바로 거북선입니다.

아직도 거북선 복원에 관한 논란이 많습니다. 하지만 거북선 복원은 판옥선의 복원에서 시작되어야 합니다. 거북선은 기본적으로 '판옥선에 지붕을 덮은 배'이기 때문입니다.

이순신과 그의 부하 나대용은 그 지붕에조차 올라오지 못하게 쇠못과 창칼을 꽂았습니다. 그래도 안심이 되지 않았는지 거적을 씌우고 물을 뿌려 적셔두었습니다. 왜군이 지붕에 불을 지르는 것을 방지하기 위해서입니다.

이와 같이 거북선은 난공불락의 방어력을 가진 배였습니다. 그러나 거북선의 진가는 당대 최강의 돌격선이라는 데 있었습니다.

근접전에서 배와 배끼리 충돌하는 전투 방식도 있습니다. 이런 전투에서는 조선 함선이 더욱 압도적이었습니다. 단단하고 무거운 조선 소나무로 만들어진 배를 가볍고 무른 일본 삼나무로 만들어진 배가 당해낼 리 없었으니까요. 이와 같이 일본 배는 가볍고 빠른 반면, 충격에 약하다는 단점을 갖고 있었습니다.

조선 원정을 시작하기 전, 일본 수뇌부는 조선 육군과 명나라 육군과의 전투에만 신경을 썼습니다.

일본 수군의 주임무는 전투보다는 군수 물자의 수송이었습니다. 바다를 통한 물자 수송이 불가능해지면 어떻게 해야 할지를, 도요토미 히데요시는 깊이 생각해보지 않은 것 같습니다.

당시 일본 수뇌부는 바다에서 이렇게 고전하게 될 줄은 꿈에도 생각지 못했을 것입니다. 임진왜란 7년 내내 이순신의 조선 수군에게 단 한 차례도 승리하지 못할 거라고, 누가 감히 예상할 수 있었을까요?

일본은 겨우 마련된 대마도 ~ 부산 항로를 통해 군수 물자를 수송해야 했습니다. 물자와 자원이 부족한 조선 수군이 그 항로까지 막지는 못했기 때문입니다.

일본 입장에서는 부산까지라도 수송할 수 있어 다행이었습니다. 문제는 그 다음이었습니다. 부산에서 충청도로, 경기도로, 강원도까지 운반하는 문제가 남아 있었던 것입니다. 그러나 이것도 여의치 않았습니다.

이것이 임진왜란에서 일본이 패배한 가장 근본적인 원인이었습니다.

일본군이 울산에서 부산에 이르는 지역에 대규모의 왜성을 쌓은 것도 이때문입니다. 바다로도 갈 수 없고 육지 깊숙이 들어갈 수도 없다면, 자연히 해안을 따라 이동할 수밖에 없었을 테니까요. 그런 왜군들에게 거대한 왜성은 훌륭한 요새였습니다. 아무리 이순신이라 해도 단독으로 왜성을 함락시킬 수는 없었습니다.

거북선은 일본군의 등선육박 자체가 불가능하도록 개량된 판옥선이라고 할 수 있습니다. 등선육박에 대한 걱정이 없어진 거북선은 적선 바로 옆까지 접근할 수 있었지요.

거리가 가까워지자 함포 사격의 정확성과 효율성이 비약적으로 증가했습니다. 함포의 사격 정밀도 부족이라는 기술적인 약점을 근접 사격이라는 전술로 보충한 셈입니다.

바로 앞에서 쏘아대는 대포의 위력은 물리적인 충격뿐만 아니라 심리적인 충격도 주었을 것입니다. 특히 장군전과 같은 거대한 발사체가 날아와서 배를 부숴버리는 모습은, 왜군에게 공포 그 자체가 아니었을까요?

총통의 실제 발사체[33)]

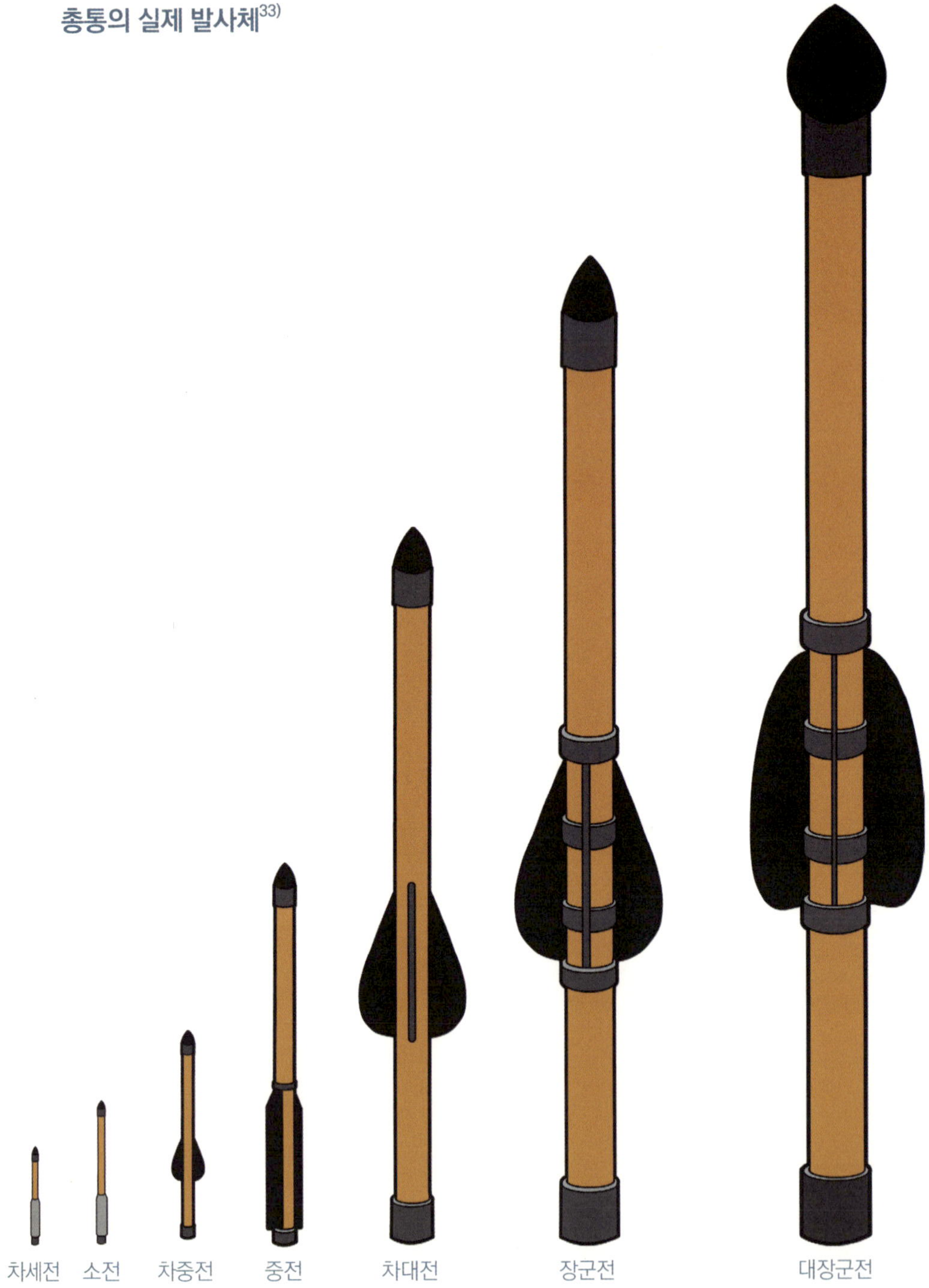

총통의 사정거리[34)]

(해군 충무공 유물발굴단,
해군 육군 사관학교 실제 실험 결과)

대장군전 400~500m
철환 350~400m

천자총통

장군전 500~600m
철환 500~540m

지자총통

철환 1,100~1.250m

차대전 400~600m

현자총통

철환 1,380~1.590m

차중전 400~450m

황자총통

거북선 복원에 관한 소견

거북선을 복원하려는 시도는 셀 수 없이 많았습니다. 드러나지 않게 개인적으로 연구하는 분들도 많은 걸로 알고 있습니다. 수십억 원 이상이 투입되어 실제로 복원된 거북선도 여러 척입니다.

그러나 거북선 복원과 관련된 논란은 아직도 끊이지 않고 있습니다.

이에 대해 몇 가지 의견을 말씀드리겠습니다.

첫째, 거북선 복원의 중심 기관이 있어야 합니다.

거북선이라는 문화재의 복원은 개인의 노력으로 완수하기 어렵습니다.

여러 분야의 전문가들과 적지 않은 비용, 실제 제작이 가능한 기술자 등이 필요하기 때문입니다.

특히 지속성이 중요합니다. 수없이 많은 시행착오를 거치면서도 포기하지 않고 지속적으로 복원해 나가야 합니다. 그래야만 완성도 높은 복원을 기대할 수 있기 때문입니다. 이런 지속성은 책임 소재가 분명한 독립적인 기관이 설치되어 있을 때에만 가능합니다.

둘째, 판옥선에 대한 연구와 복원도 병행되어야 합니다.

역사 기록에 의하면 거북선은 조선 태종 때부터 있었습니다. 태종 재위 당시, 즉 15세기 초의 거북선에 대해서는 알려진 것이 거의 없습니다. 임진왜란 때16세기 말 활약한 거북선과 같은 종류인지조차 모릅니다.

그러나 임진왜란 당시의 거북선이 판옥선을 개량한 배라는 것은 분명해 보입니다. 따라서 배의 크기와 구조도 비슷했을 것입니다. 거북선 복원을 위해 판옥선을 연구해야 하는 이유가 여기에 있습니다.

셋째, 거북선 복원의 기준은 실제 작동 여부가 되어야 합니다.

거북선의 크기, 승선 인원, 좌우에 설치된 포문의 개수 등은 기록으로 남아 있습니다. 이제까지는 이런 기록에 충실한 복원에만 급급했습니다.

그러나 거북선은 실전에서 운용된 전투함이었습니다. 따라서 사람의 힘만으로 완벽하게 작동시킬 수 있어야 한다고 생각합니다.

우선 조선시대 남성의 평균 키와 체중을 가진 사람들을 선발합니다. 이들을 사수, 포수, 격군으로 나누어 훈련시킨 뒤에 복원된 거북선에 태웁니다. 이들이 기록에 있는 그대로 실제로 전투를 수행할 수 있어야만, 비로소 제대로 복원되었다고 할 수 있을 것입니다.

이렇게 많은 인력과 비용을 동원해서 거북선을 꼭 복원해야 할까요?

저는 그렇다고 믿습니다. 우리도 영국의 처칠, 미국의 링컨 같은 세계적인 위인을 가져야 하고, 가질 수 있기 때문입니다. 특히 이순신 장군과 세종대왕은 충분한 자격과 스토리를 갖추고 있습니다.

거북선 자체의 스타성도 훌륭합니다. 불을 내뿜는 용Dragon의 머리에 칼날로 뒤덮인 단단한 거북 등판을 두르고, 사방으로 미사일장군전과 포탄을 쏟아붓는 불패의 돌격선!

어떻습니까? 세계인에게 깊은 인상과 영감을 주지 않을까요?

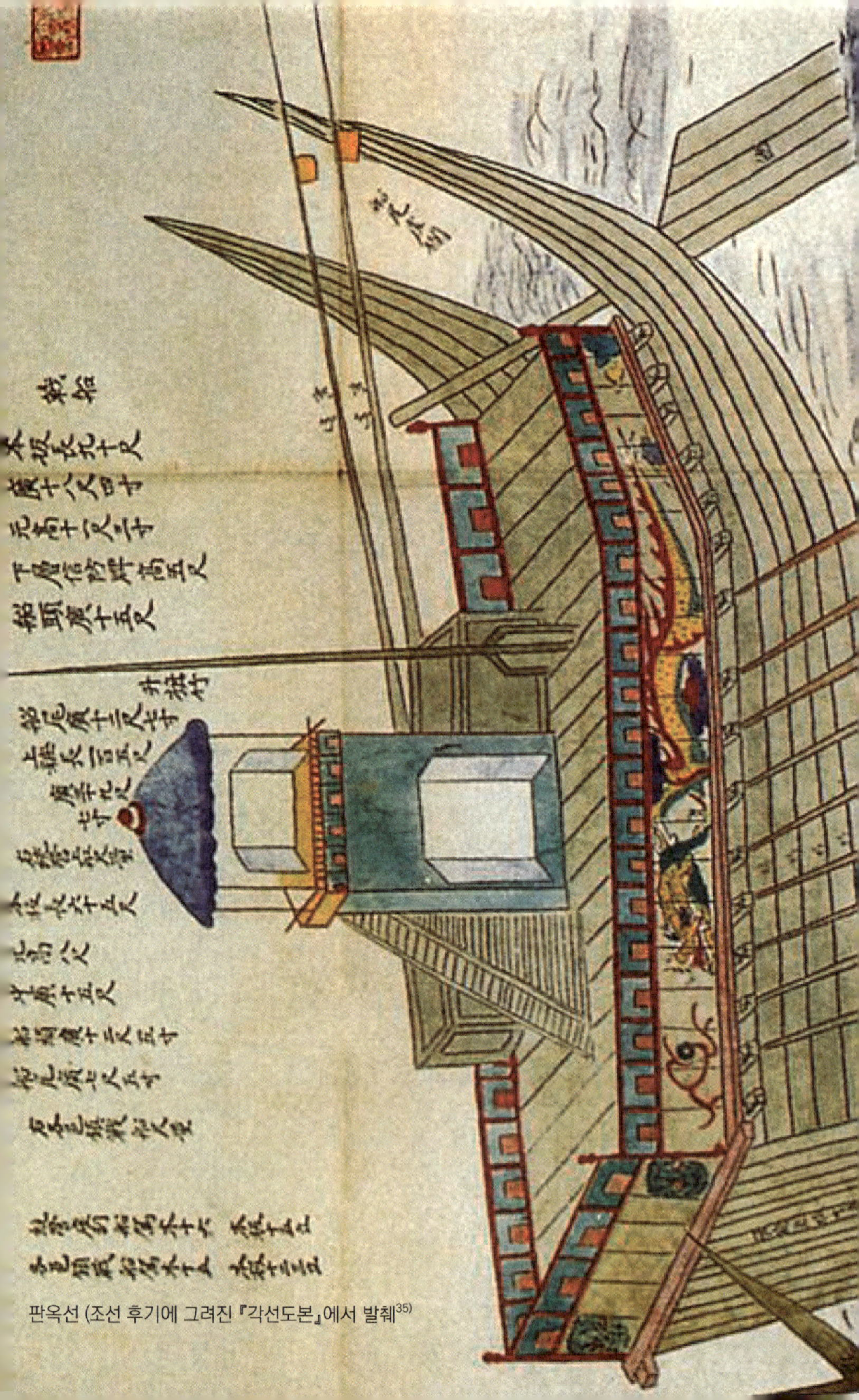

판옥선 (조선 후기에 그려진 『각선도본』에서 발췌[35])

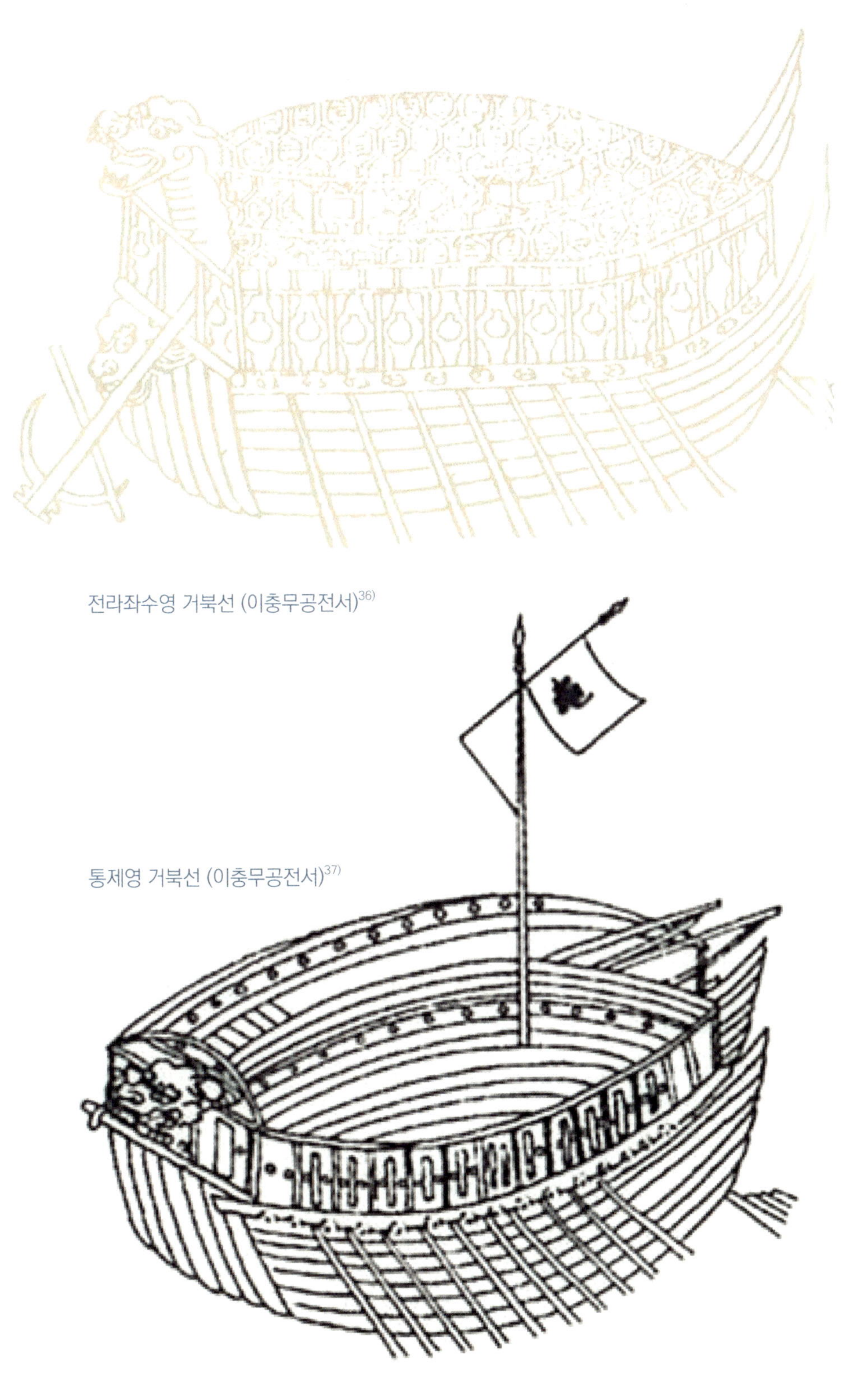

전라좌수영 거북선 (이충무공전서)[36)]

통제영 거북선 (이충무공전서)[37)]

신상필벌과 커뮤니케이션

신상필벌의 원칙 1 : 신상

임진왜란이 끝나고 공신을 정할 때, 크게 선무공신宣武功臣과 호성공신扈聖功臣으로 나누어 포상되었습니다. 호성공신은 선조의 피난길을 따라다니며 고생한 측근에 대한 보답의 성격을 가지고 있습니다.

그에 비해 선무공신은 야전에서 목숨을 걸고 싸운 사람들입니다.

선무공신 18명의 명단은 아래와 같습니다.

1등 공신 : **이순신**, 권율, 원균

2등 공신 : 김시민, 신점, 권응수, 이정복, **이억기**

3등 공신 : 정기원, 권협, 유산원, 고언백, 이광악, 조경, **권준, 이순신, 기효근, 이운룡**

이중에서 1등 공신 이순신, 2등 공신 이억기, 3등 공신 권준, 이순신 이순신의 동명이인(한자는 다름). 이순신의 참모, 이운룡, 그리고 원균과 기효근은 삼도수군 통제사 이순신의 지휘를 받아 공을 세운 사람들입니다. 이순신과 관련된 공신이 18명 중에 7명이나 됩니다. 1/3이 넘는 셈입니다.

이순신이 옥포해전 후에 임금에게 올린 장계를 보겠습니다.

… 좌부장인 낙안 군수 신호는 왜적의 큰 배 1척을 쳐부수고 머리 하나를 베었는데 배 안에 있던 칼, 갑옷, 의관 등은 모두 왜장의 물건인 듯 했습니다. 우부장인 보성 군수 김득광은 왜적의 큰 배 1척을 쳐부수고 우리나라 포로 1명을 도로 빼앗아 왔으며, 전부장인 흥양현감 어영담은 왜적의 중간 배 2척과 작은 배 2척을 쳐부수었고, 중위장인 방답 첨사 이순신은 왜적의 큰 배 1척을 쳐부수었고, 우척후장인 사도 첨사 김완은 왜적의 큰 배 1척을 쳐부수었고… 신의 군관 급제 최대성은 왜적의 큰 배 1척을 쳐부수었고, 참퇴장인 신의 군관 급제 배응록은 왜적의 큰 배 1척을 쳐부수었고, 돌격장인 신의 군관 이언량은 왜적의 큰 배 1척을 쳐부수었고, 신이 데리고 부리는 군관 훈련 봉사 변존서, 전 봉사 김효성 등이 힘을 합쳐 왜적의 큰 배 1척을 쳐부수었고, 경상도 여러 장수들이 힘을 합쳐 왜적의 배 5척과 우리나라 포로 3명을 도로 빼앗아 왔습니다. …[38] 옥포파왜병장

위의 옥포파왜병장의 인용글 중에서 "왜적의 큰 배 4척을 깨트린 공"은 이순신 자신의 공으로 할 법도 합니다. 그러나 그는 모두 '신의 군관 아무개'가 했다고 말하고 있습니다.

… 우후 이몽구가 왜의 큰 배 1척을 바다 가운데서 완전히 잡아 적의 머리 7개를 베고 또 1척은 육지로 끌어내어 불살라 버렸으며, 사도 첨사 김완은 왜의 큰 배 1척을 바다 가운데서 완전히 잡아 적의 머리 20개를 베었으며, 녹도 만호 정운은 왜의 큰 배 1척을 바다 가운데서 완전히 잡아 적의 머리 9개를 베었으며, 광양 현감 어영담과 가리포 첨사 구사직은 협력하여 왜의 큰 배 1척이 상륙하려 할 때 쫓아가서 불살랐고, 구사직은 적의 머리 2개를 베었습니다. 여도 군관 김인영은 적의 머리 하나를 베었고, 소비포 권관 이영남은 작은 배를 타고 뚫고 쫓아 들어가 활을 쏘아 죽인 후 적의 머리 2개를 베고 나머지 빈 배 1척은 바다 가운데서 불살랐는데… 당포파왜병장

그러면서 부하들의 공로를 한 명 한 명씩 소상히 열거하고 있습니다.

부하들의 공을 이렇게 꼼꼼하게 챙겨주는 것은 쉽지 않은 일입니다. 그들의 노고가 제대로 보상받길 바랐던 이순신의 인간애가 느껴집니다.

이순신은 전공을 보상하는 새로운 방식을 제안하기도 했습니다. 원래 조선군의 전공 기준은 적의 수급 숫자였습니다. 적의 머리를 많이 베어 올수록 더 높은 평가를 받을 수 있었던 것입니다.

그런데 머릿수로만 전공을 계산하다 보니 폐단이 속출했습니다. 전투가 끝난 후에 왜병의 머리를 사냥하고 다니거나, 적진에 잡혀 있던 무고한 조선 사람의 머리를 베어와서 거짓 보고하는 자들이 생겨난 것입니다.

그래서 이순신은 이에 대해 다음과 같이 장계에서 말하고 있습니다.

신은 당초에 여러 장수와 군사들에게 약속하기를, 전공을 세워 이익을 얻으려고 탐을 내어 적의 머리를 서로 먼저 베려고 다투다가는 자칫하면 도리어 해를 입어 죽거나 다치는 자가 많이 생기니, 쏘아서 죽인 뒤 비록 목을 베지 못하더라도, 논공을 할 때 힘껏 싸운 자를 으뜸으로 할 것이라고 거듭 지시했기 때문에, 이제까지 네 번 맞붙어 싸울 때 활에 맞아 죽은 왜적들이 매우 많았지만, 목을 벤 숫자는 많지 않습니다.[40]

당포파왜병장 p.291

실제로 이순신이 이를 적용한 기록도 같은 장계에 보입니다.

… 더욱이 행재소가 멀리 떨어져 있고 길이 막혀서 사람이 통행할 수 없는 실정이고, 그렇다고 억센 도적이 아직 물러가지 않은 상태라는 이유로 표창할 시기를 미룰 수는 없는 노릇이기 때문에, 군사들의 마음을 위로하고 격려함으로써 앞으로의 일을 더욱 힘써 하도록 하기 위하여 각자의 공로를 참작하여 1,2,3 등으로 등급을 나누어 포상하였는데, 그것을 별지에 기록해 두었습니다.

신이 당초에 약속할 때, 비록 적의 목을 베지 않았더라도 죽을힘을 다해 싸운 자를 으뜸 공로자로 삼겠노라고 하였으므로, 힘껏 싸운 사람들을 신이 직접 참작하여 1등으로 기록하였습니다. … 당포파왜병장 p.295

이와 같이 열심히 싸우면 싸운 만큼 공을 알아주었기에, 이순신의 부하들은 안심하고 마음껏 싸울 수 있었습니다.

어느 CEO는 '충무공에게서 배워야 할 10가지'를 나열하면서 그 열 번째로 다음과 같이 이야기했습니다.

⑩ 공을 탐하지 말라 – 충무공은 모든 공을 부하에게 돌렸고, 장계의 맨 끝에 이렇게 썼을 뿐이다. "신도 싸웠습니다.臣亦戰"…[39]

신상필벌의 원칙 2 : 필벌

이순신은 상을 줄 때도 원칙과 믿음을 지켰지만, 벌을 줄 때도 추상같이 엄격했습니다. 마치 신상필벌의 표본을 보는 것 같습니다.

그의 군령은 서릿발 같았고, 훈련은 실전과 같았습니다. 그는 부하들의 체력과 사기를 고려하여 체계적으로 수군을 운용하였습니다.

이순신의 신상필벌은 항상 공평무사했습니다. 지위나 인맥이 끼어들 여지가 없었습니다. 사상자와 부상자에겐 충분한 예우를 다하였습니다.

이순신이 죄를 지은 부하를 처벌하는 과정은 생각보다 냉정했습니다. 그는 백성民과 군軍을 엄격하게 구분했습니다. 군혹은 관이 백성을 괴롭히는 것을 가장 싫어했습니다. 그가 가장 엄격한 잣대를 적용한 두 가지는 군기에 관한 것과 백성에게 피해를 주는 것이었습니다.

군기 중에서도 특히 도망병에 대해 엄격했습니다.

16일 정축 맑음. … 방답의 병선 군관과 색리들이 병선을 수리하지 않았기에 곤장을 쳤다. 우후와 가수임시관리도 역시 단속하지 않아 이 지경까지 이른 것이니 해괴하기 짝이 없다. 자기 한 몸 살찌울 일만 하고 이와 같이 돌보지 않으니, 앞일도 짐작할 만하다. 성 밑에 사는 토병 박몽세는 석수랍시고 선생원에서 쇠사슬 박을 돌 뜨는 곳에 갔다가 이웃집 개에게까지 피해를 끼쳤으므로, 곤장 80대를 쳤다.[40] 임진일기

초 4일 갑자 맑음. … 승군들이 돌 줍는 일에 불성실하므로 우두머리 승려를 잡아다가 곤장을 쳤다.[41] 임진일기

초6일 병인 맑음. 아침 식사 뒤 나가 앉아 군기물을 점검했는데, 활, 갑옷, 투구, 화살통, 환도 등이 깨지고 헐어서 제대로 되지 않은 것이 매우 많았기 때문에 색리, 궁장, 감고각 관청의 재정 출납 및 물품을 관리하는 사람 등의 죄를 따졌다.[42] 임진일기

초 3일 임신. 가랑비가 아침 내내 내렸다. … 이날 여도 수군 황옥천이 왜적의 소식을 듣고 집으로 도망갔는데, 잡아다가 목을 베어 군중 앞에 내다 걸었다.[43] 임진일기

계사 2월 초3일 무자 맑음. … 이날 경상도에서 옮겨온 귀화인 김호걸과 나장 김수남 등이 명부에 오른 격군 80여 명이 도망갔다고 보고하면서도, 뇌물을 많이 받고 붙잡아 오지 않았다. 그런 까닭에 군관 이봉수, 정사립 등을 몰래 파견하여 70여명을 찾아서 잡아다가 각 배에 나눠주고, 김호걸, 김수남 등을 그날로 처형했다.[44] 계사일기

초7일 경신. 흐리되 비는 오지 않았다. … 우수사 이억기와 함께 아침밥을 먹고 진해루로 자리를 옮겨 공무를 본 뒤에 배를 탔다. 떠나려할 때 즈음 도망간 발포의 수군을 처형했다. 계사일기

3일 임술. 비가 계속 내렸다. … 아침에 고을 사람들의 밥을 얻어먹었다고 하는 말을 들었기에 종들을 매질하고 밥쌀을 도로 갚아 주었다.[45] 정유일기

30일 정해. 맑으나 동풍이 불고 비올 기세가 많았다. … 적에게 붙었던 해남의 정은부와 김신웅의 부인 등과 왜놈에게 지시하여 우리나라 사람을 죽인 자 2명과 사족士族의 처녀를 강간한 김애남을 모두 효시하였다. 저녁에 양밀이 도양장의 벌레 먹은 곡식을 멋대로 나누어 준 일로 곤장 60대를 쳤다.[46] 정유일기

신상필벌의 원칙 3 : 활발한 커뮤니케이션

군대는 상명하복上命下服을 생명으로 합니다. 그러나 이순신은 무조건 자신의 명을 따르라고 윽박지르지 않았습니다. 상명上命이 결정되기까지, 부하들과의 충분한 의견 수렴 과정을 거쳤습니다.

아래는 임진왜란 발발 직후부터 이순신의 첫 출전까지를 재구성한 것입니다. 충무공 이순신 전서에 수록된 이순신의 장계와 난중일기 그대로이며, 제가 더한 부분은 단 한 줄도 없습니다. 이해를 돕기 위해 시간 순으로 재배치했을 뿐입니다.

4월 15일 일본군 부산포 도착 2일 후 : 이순신은 영남 우수사 원균과 영남 좌수사 박홍으로부터 각각 통첩을 받았습니다. 원균으로부터는 왜선 90여 척이 부산포 앞 절영도에 닿았다는 것을, 박홍으로부터는 왜선 350척이 부산포 건너편에 도착했다는 것을 알게 되었습니다. 이순신은 이들로부터 받은 통첩 내용에 바탕한 장계를 조정에 띄우고, 순찰사, 병마사, 우수사에게도 즉각 공문을 보냈습니다.

이순신은 그 왜선의 출현이 곧 침략의 시작이란 점을 분명히 알지 못했습니다. 무역선일지도 모르지만 일본의 침략일 수도 있으니 이에 대한 대비를 해야 한다고 왕에게 보고한 것을 보면 알 수 있습니다.

이순신은 자신이 관할하는 10개 기지에 비상령을 내리고, 전라 감사와 전라 병사, 전라 우수사 등에게도 알렸습니다.

4월 16일 일본군 부산포 도착 3일 후 **:** 이순신은 영남 우수사 원균이 보낸 공문을 통해 부산진이 함락된 것을 알게 되었습니다. 이순신은 다시 장계를 올리고 삼도에도 공문을 보냈습니다. 그리고 자신의 관내에 비상령을 내리고 장비의 점검 등도 지시하였습니다.

4월 17일~19일 : 이순신은 자신이 맡은 지역의 방어 태세를 철저히 점검하였습니다. 발포 권관이 파직되었으니 임시 책임자를 정해달라고 순찰사가 요청했습니다. 이순신은 나대용을 천거하였습니다.

영남 우수사 원균, 영남 우병사 김성일 등으로부터 전쟁의 상황에 대해 연락을 받았습니다. 주로 거듭되는 패전과 일본군의 강성함에 관한 내용이었습니다. 일단 관내 순시와 점검에 집중하였습니다.

4월 20일~22일 : 이순신은 전라 관찰사 김수의 공문을 통해 전라 좌수영의 전선이 경상도에 와서 도와줄 것을 조정에 요청하였다는 사실을 알게 되었습니다. 전라 좌수사 이순신은 이때부터 타 지역으로의 출동 가능성을 염두에 두고 있었을 것입니다.

하지만 조정의 정식 명령 없이 군대를 이끌고 관할 지역을 벗어날 수는 없었습니다. 이순신은 여러 곳으로부터 소식을 받으면서 지역의 방비에 충실하였습니다.

전쟁 소식이 점차 널리 알려지자 민심과 군의 분위기가 동요하기 시작했습니다. 이순신은 군의 기강이 해이해지거나 교란되지 않도록 엄정하게 관리하였습니다. 또한 가능한 많은 정보를 수집하기 위해 계속해서 노력하였습니다.

4월 22일 : 선조 임금이 경상도의 장수들과 의논하여 전쟁에 대처하라는 글을 보내왔습니다. 하지만 그 내용이 명확하지 않았습니다. 그래서 함부로 군을 움직일 수 없었습니다.

하지만 가만히 있을 수도 없었습니다. 이순신은 조정의 지시서에 있던 "조정은 멀리 있어 지휘할 수 없으니, 도내의 주장主將에게 일임한다." 라는 글에 대해 다음과 같이 보고하였습니다.

… 그러나 신은 주장의 한 사람일 뿐이므로 독단적으로 일을 처리하기는 어렵기 때문에 전라 겸 관찰사 이광, 방어사 광영, 병마절도사 최원 등에게도 지시문의 내용을 낱낱이 설명해 주는 한편, 경상도 순변사 이일, 관찰사 김수, 우도 수군절도사 원균 등에게도 그 도의 물길 사정과, 각 도의 수군이 모일 장소와, 적선의 수와 그들이 현재 정박해 있는 곳, 그밖에 여러 가지 전략에 관한 일들을 전부 회답을 급히 해 달라는 내용으로 공문을 띄웠습니다. …

4월 27일: 조정으로부터 다시 공문이 왔습니다. 이번에는 경상도로의 출동을 명확하게 명령하고 있었습니다. 공문을 받은 이순신은 경상도로 구원을 나가겠다는 답신 성격의 장계를 바로 올렸습니다.

곧바로 휘하 장수들에게 29일까지 본영에 모이라고 지시하였습니다.

다만 보성과 녹도 같은 곳은 오는데 3~4일이 걸리므로, 그들이 당도하는 대로 출발하기로 하였습니다. 29일에는 우선 가까운 곳부터 모이게 한 것입니다.

4월 29일 : 이날 모인 부하 장수들과 참모들을 중심으로 최종 회의를 하였습니다. 싸우러 나가는 것이 나은지, 전라 좌수영의 구역을 지키고 있는 것이 나은지를 최종적으로 판단하기 위해서였습니다.

이순신은 부하들이 개진하는 의견을 모두 듣고 나서 다음과 같이 말했습니다.

우선은 의견을 듣고, 다시 이에 대해 중론을 모으며, 내려진 결론에 따르게 하는 절차를 통해 부하의 마음과 군의 기강을 함께 다잡은 것입니다.

4월 30일-5월1일 : 전라 좌수영 휘하 수군이 5월 1일 아침까지 모두 집결했습니다.

5월 2일 : 바다로 나아가 진을 치고 각 장수들의 결의를 다졌습니다. 방답의 첩보선첩입선疊入船 세 척이 가져온 정보를 바탕으로 출진에 대한 세부 작전 계획을 세웠습니다.

5월 3일 : 전라도를 제외한 전국이 초토화되기 시작했습니다. 여기저기에서 도망자가 속출했습니다. 극심한 공포가 바이러스처럼 퍼져 나갔습니다. 민심은 흔들리고 군의 사기도 땅에 떨어졌습니다.

이순신이 도망자를 체포했습니다. 일벌백계一罰百戒가 필요했습니다. 이순신은 그의 목을 베어 군중 앞에 내걸었습니다.

이순신은 준비에 만반을 기하고 싶었습니다. 경상 우수영과 좌수영이 보내온 정보로 볼 때 일본 전선의 수는 최소 400척 이상이었습니다.

당시 도요토미 히데요시가 준비한 병력이 28만 명이었습니다. 이중 1차 출진 부대의 규모가 15만 8,800명이고, 그 1차 출진 부대의 1번대인 고니시 유키나가의 부대 1만 8,700명이 타고 온 선박이 700여 척이었다는 기록이 있습니다.

이것은 일본 측 기록입니다. 그러므로 임진왜란 개시 당시 조선의 여러 기록들이 400여척, 500척, 1000척이라고 하는 것은 근거가 없는 것이 아니었습니다.

일본 수군이 수백 척 규모라는 사실은 이순신도 인지하고 있었습니다. 그에 비해 그가 이끈 조선 수군의 전력은 걱정스럽지 않을 수 없었습니다. 그가 가진 함선은 판옥선 24척, 협선중선 15척, 포작선소선 46척으로, 총 85척이었습니다.

1차로 출진한 전라 좌수영 산하 전체 병력 15,000명 중에서 5,000여 명을 선발하였습니다. 이 정도 병력으로 수백 척의 적선을 감당할지가 걱정스럽지 않을 수 없었습니다. 하지만 전라 좌수영을 텅 비워둘 수도 없었습니다.

만일을 대비해 우후부관 이몽구를 전라 좌수영에 남겨 두었습니다. 자신이 돌아올 때까지 방어를 든든히 하라고 일러두었습니다.

이순신은 부족하게만 느껴지는 전력을 보완하기 위해 전라 우수영에 합류를 요청해 두었습니다. 하지만 전라 우수영의 준비가 이순신처럼 잘 되어 있지 않았는지, 합류하기로 한 이억기의 부대는 사흘을 기다려도

기별이 없었습니다.

마냥 기다릴 수는 없었습니다. 이순신은 먼저 출진하기로 합니다.

이순신의 전라 좌수영 함대는 5월4일 새벽에 출진하였습니다.

그는 부하들에게 다음과 같이 일러두었습니다.

함부로 행동하지 말고 태산처럼 진중하라.

勿令妄動 靜重如山 물령망동 정중여산

이순신은 생애 최초의 해전인 옥포해전에서 적선 42척을 부수고, 4,000여명의 왜군들을 죽이거나 부상입혔습니다. 그러나 아군 전선의 피해는 전혀 없었고, 사망자도 없었습니다.

필승의 장소를 선점하라!

맹자는 '천시는 불여지리요 지리는 불여인화'孟子曰 天時不如地利 地利不如人和라고 했습니다. 이것을 현대의 마케팅에 적용해 보면 이렇게 말할 수 있습니다. "타이밍은 외적 환경보다 덜 중요하고, 외적 환경은 내부 역량보다 덜 중요하다." 내부 역량이 가장 중요하고, 그 다음이 외적 환경이며, 그 다음이 타이밍이다.

이순신의 탁월한 공간 지능은 그에 관한 기록 곳곳에서 나타납니다. 1580년, 36세의 이순신은 전라도 발포 만호로 있었습니다.

… 감사 손식이 참소의 말을 듣고 공에게 벌을 주려고 벼르고 있었다. 그가 순행차 능성綾城, 전라남도 화순군에 이르러 공을 마중 나오라고 불러내서는, 진법에 관한 책의 강독을 끝내고 나서 공에게 진형陣形을 그려보라고 시켰다. 공이 붓을 들고 매우 정연하게 그리니, 감사가 구부리고 한참동안 들여다보고는 말하기를, "어쩌면 이렇게도 자세하게 그리는가." 라고 하였다. 그리고는 조상이 누구인지 물어보고 말하기를, "내가 진작 몰라보았던 것이 한이로다." 라고 하였다.[47]

이분李芬은 이순신의 조카입니다. 이순신 행록行錄의 저자로 알려져 있습니다. 이 책은 이순신이 살았던 시대와 가장 가까운 시기에 작성된 기록 중 하나입니다.

이순신이 지리를 가장 잘 이용한 전투로 명량해전을 꼽습니다. 하지만 그가 조정에 올린 장계를 보면 지리의 중요함을 인식하지 않은 전투가 하나도 없다고 해도 과언이 아닙니다.

그러나 거제도는 산세가 험하고 수목이 울창하여 발붙이기 어려울 뿐더러, 당시 우리는 적의 소굴 안에 있는데다 배에 사부조차 없으면 혹시 뒤로 포위당할 염려도 있습니다. 그래서 날도 이미 저물어 가므로 뜻대로 하지 못하고 영등포 앞바다로 물러나와 머물면서…[48] 옥포파왜병장

뿐만 아니라 저들은 높은 곳에 있고 우리는 낮은 곳에 있었기 때문에 지세地勢가 불리하고, 날도 또한 저물어 가고 있었으므로, 신은 여러 장수들에게 지시하기를 "저놈의 적들은 그 태도가 극히 교만하므로 만약 우리가 짐짓 물러난다면 저놈들은 틀림없이 배를 타고 따라 나와 우리와 싸우려 할 것이니, 우리는 저놈들을 큰 바다로 끌어내어 공격하는 것이 제일 좋은 계책이다."라고 하였다.[49] 당포파왜병장

이어서 당항포 어귀의 지형을 물어보니, 거리는 10여리 정도 되는데 폭이 넓어서 배가 들어갈 수 있다고 하기에, 먼저 전선 서너 척을 보내어 그곳 지리를 살펴보게 하면서…[50] 당포파왜병장

견내량의 지형이 협착하고 또 암초가 많아서 판옥선처럼 큰 배는 서로 부딪쳐서 싸우기가 어려울 뿐 아니라, 왜적들은 만약 형세가 궁해지면 바다 기슭을 타고 뭍으로 올라가겠기에, 한산도 바다 가운데로 끌어내어

완전히 잡아버릴 계획을 세웠습니다. 한산도는 거제와 고성 사이에 있기 때문에 사방으로 헤엄쳐 나갈 길도 없고, 혹시 뭍으로 올라가더라도 굶어죽기 십상입니다.[51] 견내량파왜병장

뿐만 아니라, 양산강 일대의 지세가 협착하여 겨우 배 하나가 들어갈 만한 데다가 적선들이 연이어 정박해 있으면서 이미 험한 지형을 차지하고 있었기 때문에, 우리가 싸우려고 하면 적들은 싸우러 나오지 않을 것이고, 우리가 물러나려고 하면 도리어 우리의 약점만 보이게 될 것이며, 만약 부산을 향해 가려고 한다면 양산에 있는 왜적들이 서로 호응하여 우리의 후미를 포위할 것인데, 다른 도에서 온 객지 군사들이 허전도 없이 적진 속으로 깊숙이 들어가서 앞뒤로 적을 맞는 다는 것은 실로 만전의 계책이 되지 못한다고 생각하였습니다.[52] 당포파왜병장

명량해전은 이순신이 지리를 이용해서 승리한 가장 대표적인 전투로 꼽힙니다. 그러나 불행히도 명량해전에 대한 장계는 남아있지 않습니다. 장계를 보낸 것은 확실하지만 기록으로 남아있지 않은 것입니다.[53]

정유년1598년 9월 16일에 12척의 전선으로 130여 척과앞에서 언급한 이분의 이순신 행록에는 300여 척으로 기술되어 있음 싸워 이긴 명량해전은 우리말로 '울돌목'인 명량鳴梁에서 치러진 해전입니다.

명량해전을 앞두고 이순신은 난중일기에 이렇게 썼습니다.

15일 계묘. 맑음. 조수潮水를 타고 여러 장수들을 거느리고 진을 우수영 앞바다로 옮겼다. 그것은 벽파정 뒤에 명량이 있는데 수가 적은 수군으로써 명량을 등지고 진을 칠 수 없기 때문이다.[54]

여수 진남관의 야경

진하다
신거자
으으응
차차며
인인이를

이순신, 도덕 교과서 그 자체시

이순신과 함께 뛰는 미래

이순신, 도덕 교과서 그 자체人

이순신 전승의 신화는 온전히 이순신에게 돌아가야 한다. 나는 이순신을 존경하지만 그를 따라할 자신은 없다.

하지만 전투와 전쟁에 임하는 공인(公人) 이순신의 지혜와 자세는 누구나 배우고 본받을 수 있다.

해군사관학교 이순신 동상

이순신 전승의 의미를 꼽아보면 다음과 같다.

Not Only 戰勝(전승)

But Also 全勝(전승)

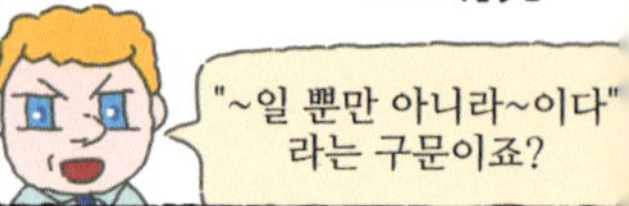

첫째, 그는 승리의 요인이 무엇인지를 정확히 파악한 뒤, 철저한 계산과 준비를 마친 뒤에야 전투에 임했다. 그의 전승은 우연이 아니었던 것이다.

둘째, 그는 열악한 환경을 극복하고 승리하였다.

셋째, 사람을 죽이는 전쟁이 아니라 살리는 전쟁을 했다. 침략전이 아니라 방어전의 영웅인 것이다.

이순신 전승의 비결 중에 중요한 것을 나열하면 다음과 같다.

1) 정보를 중요하게 여기고,

2) 군량의 마련을 통해 물질적 기본에 충실히 하며,

선조 이하의 조정대관들… 입에 풀칠하는 것도 통제사 이순신으로부터 한성 서강西江으로 실어 올려보내는 쌀로 하여서 되는 것이었다.
- 이순신세가 34회

3) 신무기와 전선의 개발에 맞추어 전술조차 그것에 맞춘다.

4) 커뮤니케이션과 회의를 통해 신중하고 정확한 판단을 하며, 자발적 동기유발을 이끌어내는 동시에 공정한 신상필벌을 통해 군의 기강과 사기 진작을 도모한다.

5) 지형지물의 정확한 파악 및 활용을 통해 전력을 극대화하였다.

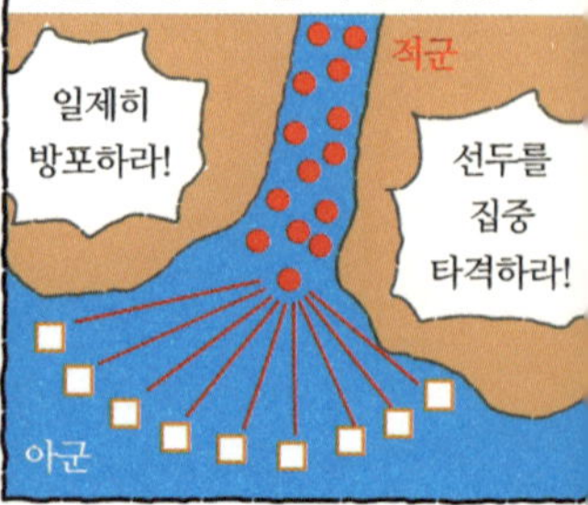

이순신을 연구하다 보면 공인公人 이순신의 극적인 삶에 가슴이 뛰지 않을 수 없었다.

…그대의 직책을 바꾸고 백의종군 하도록 하였던 것은 사람의 모책이 어질지 못함에서 생긴 일이어서 오늘 이와 같이 패전의 욕됨을 당하게 되니, 무슨 할 말이 있으리오! 무슨 할 말이 있으리오!
– 1597.7.25, 선조의 교유서

하지만 사인私人으로서의 이순신은 참 재미없는 사람인 것 같다.

인격의 극한에 가 있는 이순신은 도무지 인간적 결여, 괴팍함, 빈구석이 부족하기 때문이다.

이순신은 지인, 친척, 부하와 함께 술 마시며 이야기 나누는 것을 즐거워했고, 경치를 즐겼으며,

부하가 일을 꼼꼼히 처리하는 것을 기특해했으며, 승리를 한 후 기뻐했고, 어머니의 평안하심을 다행으로 여겼다.

어머니를 모시고 같이 한 살을 더하게 되니, 난리중이지만 다행한 일이다.
– 1594.1.1. 난중일기

오늘이 곧 어머니 생신날이건만 가서 축수의 잔을 올리지 못하니, 평생 한이 되겠다. – 1596.5.4, 난중일기

자식의 죽음에 비통해하고, 자신에게 씌워진 누명에 신세를 한탄하고,

나는 내일이 막내아들의 죽음을 들은 지 나흘째가 된다. 마음놓고 통곡할 수도 없으므로 영 안에 있는 강막지 집으로 갔다. –1597.10.16. 난중일기

자신의 이익에 급급한 사람들을 가소로이 여겼으며, 옳지 않은 일에 분함을 표출하였다.

하지만 이순신에게는 카이사르의 난봉끼나 처칠의 유머와 게으름, 에디슨의 건망증과 황당함, 스티브잡스의 괴팍함이 없다.

도덕 교과서 그 자체라서 군신이기도 하지만 인간으로서의 인격의 극한을 보는 것 같다.

시대가 어렵다. 하지만 우리는 세상의 정보와 현실에 귀를 기울이고, 물적 토대를 든든히 해두고, 새로운 기술과 서비스를 개발하며,

조직과 공동체의 구성원들에 대한 공정한 인사와 회의를 통해 자발적인 역량 강화를 이끌어내야 한다.

또한 우리 주변의 다양한 환경 요인 중에서 우리의 역량이 될 수 있는 것을 잘 파악하여 활용할 필요가 있다.

에필로그

우선 이 책을 읽고 계신 당신께 감사드립니다.

저는 독서가 일종의 여행이라고 생각합니다. 지금 이 순간, 저와 함께 여행해 주셔서 감사합니다. 함께 여행한다는 것은 서로의 시간과 추억을 공유한다는 뜻입니다. 소중한 시간을 내어 저의 경험을 공유하고 계시는 당신께 다시 한 번 감사의 마음을 전합니다. 감사합니다.

이 책이 나오는 데 직접적으로 도움을 준 두 분께 감사드리고 싶습니다. 우선 제가 작성한 초고를 다듬고 삽화를 그려준 김상화 작가에게 감사드립니다. 김상화 작가를 소개해주고, 이 책의 제작을 도맡아 진행해주신 씽크스마트도서출판 사이다 김태영 대표님께도 감사드립니다.

이 책의 출간과 유통을 흔쾌히 허락해주신 도서출판 수경의 조재욱 대표님 내외분께도 감사를 드립니다.

충무공 이순신의 13대 후손이신 이종우 선생님께도 감사드립니다. 선생님을 만나뵌 것만으로도 큰 용기를 얻었습니다. 부족한 저와 제 책을 이끌어 주시고, 가르쳐 주시고, 특별하게 만들어주셨기 때문입니다.

특히 이종우 선생님 덕분에 지난 1월 4일 밤 12시에 이충무공 제사에 참석하는 평생의 추억도 가지게 되었습니다.

이렇게 고마운 이종우 선생님을 만나게 해주신 울산보훈지청 한국성 지청장님께도 감사를 드립니다.

3년 동안이나 저와 함께 이순신 여행을 함께 해준 EBS의 이승훈 사업 본부장에게도 감사드립니다. 인류학과를 나온 인재인 그가 없었다면 이 책은 나올 수 없었을 것입니다. 이순신의 발자취를 되짚어 갔던 역사 공부 겸 여행에 크나큰 도움을 준 조력자이자 동반자였습니다.

비봉출판사 박기봉 대표님과 노승석 교수님께도 특별히 감사의 말씀을 드립니다. 『난중일기』와 『충무공 이순신 전서』 원전의 일부를 독자님들과 함께 살펴보자는 것은 이 책의 중요한 기획의도 중 하나였습니다.

그래서 기회가 될 때마다 위 두 권의 내용을 발췌하여 소개했습니다. 난중일기는 노승석 교수님의 번역본을 참고하였습니다. 충무공 이순신 전서는 비봉출판사 박기봉 대표님의 편역본을 인용하였습니다.

두 선생님께서 흔쾌히 번역본의 인용을 허락해주신 데 대해 다시 한 번 깊이 감사드립니다. 앞으로 더 많은 분들이 두 분의 난중일기와 충무공 이순신 전서를 직접 읽어보셨으면 좋겠습니다. 두 분의 번역본이 가장 충실하게 번역되어 있다고 생각하기 때문입니다.

어떤 학문 분야든 간에 1차 자료를 간과하면 안됩니다. 왜곡된 정보를 근거로 잘못된 판단을 내릴 수 있기 때문입니다. 그러므로 1차 자료에 대한 번역본은 학문의 발전과 정직성, 대중성을 위해 항상 존중되어야 할것입니다.

그밖에도 많은 분들의 이름과 얼굴이 떠오릅니다. 그러나 마지막 감사는 사랑하는 아내와 딸에게 바치고 싶습니다.

여러분도 소중한 사람들과 함께, 또는 호젓하게 혼자서 이순신 여행을 떠나시길 권해드립니다. 백성과 나라를 위해 자신의 모든 것을 불태운 한 인간의 뜨거운 숨결이, 우리 땅 곳곳에서 여전히 생생하게 살아 숨쉬고 있기 때문입니다.

감사합니다.

아산 현충사

주요 참고 자료

이 책을 쓰는 데 가장 많이 참고한 소중한 자료들입니다.

1. 일본과 임진왜란

최관, 고려대학교 출판부

2. 충무공 리순신

최두환, 푸른솔 2008 초판

3. 충무공 이순신 전서

1권, 2권, 3권, 4권, 박기봉 편역, 비봉 출판사 2009 초판

4. Korea's Legendary Admiral

Barry Strauss(from MHQ: The Quaterly Journal of Military Summer 2005(Volume 17, Number4: 52-61)

5. 이순신의 난중일기 완역본

노승석 옮김, 동아일보사 2008 1판

6. 개정판 교감완역 난중일기

노승석 옮김, 여해 2018 1판

7. 이순신과 임진왜란

1권,2권,3권,4권, 이순신 역사 연구회, 비봉출판사 2010 초판

8. '거북선 : 신화에서 역사로'

거북선 복원: 김정진, 글, 구성: 남경완, 알에치코리아(랜덤하우스코리아) 2012 초판 10쇄

9. 무기체계 발전 과정에서 거북선의 위상

이순신 연구 논총, 김철환

주注

1) '로마인 이야기' 2권 한니발 전쟁, 시오노 나나미 저, 김석희 옮김, 한길사, pp.180-184

2) 최관, 일본과 임진왜란, pp.97-99, 고려대학교 출판부

3) 『묘만지 문서』, 같은 책

4) '충무공 리순신' 최두환, 푸른솔, 2008 11월 초판, p. 378

5) 충무공 이순신 전서, 제1권, 2권, 박기봉 편역, 비봉 출판사 2009년 1월 초판 2쇄 pp.292-293, 368-370,418-420

6) 참조: 저자 Barry Strauss

Barry Strauss는 뉴욕시와 근교에서 자랐다. 코넬대와 예일대에서 역사학 학사, 석사와 박사학위를 받았다. 그리스, 독일과 이스라엘에서 살고 공부했으며, 이태리, 터키, 크로시아, 사이프러스, 요르단과 다른 고대 유적이 있는 나라들을 광범위하게 여행했다. 또한 고고학적 발굴에 참여했다. 그는 7개 국어를 말하고 쓴다. 신문기자로서의 짧은 활동 외에 대학교수로 일했다. 코넬에 돌아간 뒤에 역사와 고전학 교수로 일하고, 평화 연구 프로그램의 책임자로 종사했다. 그는 2004년 워싱턴포스트에 의해 가장 잘 쓰인 책 중 하나로 지목되고 5개 국어로 번역된 5권의 저서를 집필했다. 그는 2권의 다른 책의 공동저자이고, 두 권의 또 다른 책의 공동 편집자이다. 그는 많은 학구적 글, 리

뷰와 책의 챕터들을 썼다. 그의 신문 기사는 LA Times, Washington Post와 Newsday에 나왔다. 그는 MHQ: 군역사 계관지, 수군 역사, 파라미터: 미군 육군학교 계간지에 전쟁역사에 대해 썼다. 그는 또한 TV A&E, Discovery Channel, History Channel, National Geographic Channel, 영국 BBC 와 공영방송 PBS 에서 인터뷰를 했고, 국내외의 많은 대학, 연구기관, 육군 대학에서 연설했다. 출처 : http://www.barrystrauss.com/author.html

Strauss grew up in and around New York City. He received bachelors, masters, and doctoral degrees in history from Cornell and Yale. He has lived and studied in Greece, Germany, and Israel and has traveled extensively in Italy, Turkey, Croatia, Cyprus, Jordan, and other countries with classical sites; he has also taken part in archaeological excavations. He speaks and reads seven foreign languages. Aside from a brief stint as a newspaper reporter, he has made his career as a college teacher. Back at Cornell, he is professor of history and classics and served as director of the Peace Studies Program.

He is the author of five books, including The Battle of Salamis, named one of the Best Books of 2004 by the Washington Post and being translated into five languages. He is co-author of two other books, and co-editor of still two other books. He has written many scholarly articles, reviews, and book chapters. His newspaper articles have appeared in the L.A. Times, the Washington Post, and Newsday. He has written on the history of warfare for MHQ: The Quarterly Journal of Military History, Naval History, and Parameters: U.S. Army War College Quarterly. He has been interviewed for A&E, the Discovery Channel, the History Channel, the National Geographic Channel, the BBC and PBS and he has spoken at many universities, institutes, and war colleges here and abroad.

7) Korea's Legendary Admiral, Barry Strauss (from MHQ: The Quarterly Journal of Military History Summer 2005 (Volume 17, Number 4: 52-61))

8) One man had already carved his place in history. The other was an obscure naval officer. One man held the proud title of Regent of Japan, earned by conquering that entire island nation, which he unified after a long period of feudal wars. The other had limped through a troubled career to the mere admiralship of one part of the coast of a single province of Korea. One man entertained the Emperor of Japan in his palatial house called the Mansion of Pleasure; the other fine-tuned the details of cooking rice for the troops. One man la-

unched a huge land-sea invasion force. The other had just 24 warships at his disposal when the conflict began. One man plotted strategy from the rear, in godlike detachment, while the other shared enough of his men's risks to take an enemy bullet in his shoulder. And yet the humble commander outfought and outfoxed the Regent and, in the end, the path of empire changed course. The Korean admiral's name was Yi Sun-Shin. (1545-1598)

9) 충무공의 관품 변화

연령		32	33	36	38	38	39	39	40	40	43	45	45	47
품계		1	3	6	0	3	6	1	5	11	0	5	7	14
정1품	17													
정2품	16													
종2품	15													
정3품	14													
종3품	13													
정4품	12													
종4품	11													
정5품	10													
종5품	9													
정6품	8													
종6품	7													
정7품	6													
종7품	5													
정8품	4													
종8품	3													
정9품	2													
종9품	1													

10) 이충무공전서, 앞의 책 p.280 당포파왜병장唐浦破倭兵狀 : 당포에서 왜병을 쳐부순 장계

11) 앞의 책 p.362

12) 앞의 책 p.368

13) 앞의 책 p.412

14) 같은 책 p.417

15) 이순신의 난중일기 완역본 이순신 저, 노승석 옮김, 동아일보사, 2008년 1판 7쇄 p.87

16) 같은 책 p.91

17) 같은 책 p.111

18) 이충무공전서1, 앞의 책 p.618

19) 같은 책, 청연해군병량기전속주사장, pp.185-186

20) 같은 책 pp.216-218

21) 같은 책 pp.286-287

22) 충무공 이순신 전서 2권, 앞의 책 pp.192-194

23) 난중일기, 앞의 책, p.107

24) 같은 책 p.285

25) 같은 책, 병신년1596 1월, p.305

26) 계사년 6월1593 난중일기, 앞의 책, p.106

27) 옥포파왜병장 중에서 충무공 이순신 전서1. 앞의 책, p.217

28) 앞의 책 p.273

29) 『이순신과 임진왜란』, 이순신 역사연구회 지음, 비봉 출판사, 2010년 11월 10일 초판 12쇄 pp.406-411

30) 충무공 이순신 전서 1. 앞의 책 pp.358-359

31) 『이순신과 임진왜란』, 이순신 역사연구회 지음, 비봉 출판사, 2010년 11월 10일 초판 12쇄 pp.414-415

32) 무기체계 발전 과정에서 거북선의 위상, 이순신 연구 논총, 논문, 김철환, p168-169

33) 『거북선, 신화에서 역사로』 거북선 복원 김정진, 글 구성 남경완, 2012 초판 10쇄 p.50

34) 『거북선, 신화에서 역사로』 거북선 복원 김정진, 글 구성 남경완, 2012 초판 10쇄 p.51

35) 『거북선, 신화에서 역사로』 거북선 복원 김정진, 글 구성 남경완, 2012 초판 10쇄 p.18

36) 『거북선, 신화에서 역사로』 거북선 복원 김정진, 글 구성 남경완, 2012 초판 10쇄 p.64

37) 『거북선, 신화에서 역사로』 거북선 복원 김정진, 글 구성 남경완, 2012 초판 10쇄 p.10

39) 동아일보 전직 기자였고, 현재 '코리아 메디케어(주)'를 설립하여 대표이사로 있는 이성주 사장이 김덕수의 '맨주먹의 CEO 이순신에게 배워라'와 지용희의 '경제전쟁 시대 이순신을 만난다'를 참조한 것이라 밝히고 있다.

40) 임진일기 2월 난중일기 p.15

41) 임진일기 3월 난중일기p.25

42) 임진일기 3월, 난중일기 P.26

43) 임진일기 5월, 난중일기p.38

44) 계사일기 2월, 난중일기 p.52

45) 정유일기 6월 난중일기 p.406

46) 정유일기 10월 난중일기 p.475

47) 충무공 이순신 전서 4권 pp. 316-317 이분의 '이순신 행록' 중에서 인용. 이분은 이순신의 조카. '이순신 행록'은 이순신의 생존 당시와 가장 가까운 시기에 만들어진 기록 중의 하나이다.

48) 옥포파왜병장 중 합포 해전 서술 부분의 일부. 충무공이순신전서, 앞의 책1. p.218

49) 당포파왜병장의 기술 중 일부. 앞의 책 p.272

50) 당포파왜병장 중 당항포 해전의 기술 중 일부. 앞의 책 p.279

51) 견내량파왜병장 중 한산도 해전 기술 중 일부 앞의 책 p.358

52) 당포파왜병장 중 율포 해전 기술 중 일부 앞의 책pp. 286-287

53) 충무공 이순신 전서 3. p.583

54) 난중일기 앞의 책 p. 460